**普通高等教育“双一流”建设哲学类专业数字化精品教材**

**编 委 会**

董尚文

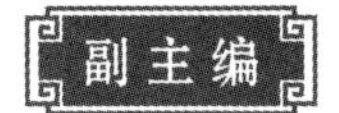


杨海斌　王晓升

（按姓氏拼音排序）

陈　刚　程新宇　林季杉

吴　畏　徐　敏　张廷国

普通高等教育“双一流”建设哲学类专业数字化精品教材

LOGIC: AN INTRODUCTION

# 经典逻辑导论

[澳] 格里格·莱斯托 (Greg Restall) ◎著
徐 敏 ◎译

華中科技大學出版社
http://press.hust.edu.cn
中国·武汉

Logic: An Introduction 1st Edition / by Greg Restall / ISBN: 9780415400688

Copyright © 2005 by Routledge
Authorized translation from English language edition published by Routledge, part of Taylor & Francis Group LLC; All Rights Reserved.
本书原版由 Taylor & Francis 出版集团旗下，Routledge 出版公司出版，并经其授权翻译出版。版权所有，侵权必究。

Huazhong University of Science and Technology Press is authorized to publish and distribute exclusively the Chinese (Simplified Characters) language edition. This edition is authorized for sale throughout Mainland of China. No part of the publication may be reproduced or distributed by any means, or stored in a database or retrieval system, without the prior written permission of the publisher.
本书中文简体翻译版授权由华中科技大学出版社独家出版并仅限在中国大陆地区销售，未经出版者书面许可，不得以任何方式复制或发行本书的任何部分。

Copies of this book sold without a Taylor & Francis sticker on the cover are unauthorized and illegal.
本书贴有 Taylor & Francis 公司防伪标签，无标签者不得销售。

湖北省版权局著作权合同登记 图字：17-2024-012 号

**图书在版编目(CIP)数据**

经典逻辑导论/(澳)格里格·莱斯托(Greg Restall)著；徐敏译.
—武汉：华中科技大学出版社，2024.3
ISBN 978-7-5772-0447-5
Ⅰ. ①经… Ⅱ. ①格… ②徐… Ⅲ. ①逻辑学 Ⅳ. ①B81
中国国家版本馆 CIP 数据核字(2024)第 035202 号

**经典逻辑导论** [澳]格里格·莱斯托(Greg Restall) 著
Jingdian Luoji Daolun 徐 敏 译

策划编辑：周晓方 杨 玲　　封面设计：廖亚萍
责任编辑：董 雪 余晓亮　　责任校对：张汇娟
责任监印：周治超
出版发行：华中科技大学出版社(中国·武汉)　　电话：(027)81321913
武汉市东湖新技术开发区华工科技园　　邮编：430223
录 排：华中科技大学惠友文印中心
印 刷：武汉市籍缘印刷厂　　开 本：787mm×1092mm 1/16
印 张：10.75 插页：2　　字 数：230 千字
版 次：2024 年 3 月第 1 版第 1 次印刷　　定 价：58.00 元

華中出版

本书若有印装质量问题，请向出版社营销中心调换
全国免费服务热线：400-6679-118 竭诚为您服务
版权所有 侵权必究

# 内 容 简 介

这是一本经典逻辑教材。所谓“经典逻辑”,也可称作“标准逻辑”,是当今所有大学的逻辑课堂都会教的逻辑(国内外都一样),“经典”等于“标准”。

作者没有使用常见的公理化方法或自然演绎方法,而是使用了神奇的“树方法”。为判定前提能否推出结论,画出一棵树即可,封闭则能推出,开放则推不出——人人都可以做到,“童叟无欺”。不止如此,这本教材里面还有许多关于逻辑的极其有趣的哲学讨论。

邀请你快快打开这本教材,我们一起来开启一趟难忘的逻辑之旅吧!

# 总　序

随着历史进程不断深入地向前推进，整个人类世界日益被裹挟进一个命运共同体之中。每一个民族和国家都不可能完全离开人类命运共同体而孤立地寻求实现自身现代化的特色发展之路，只有开放性地参与其中才能完成富有自身特色的现代化的历史使命。中华民族自被迫融入世界历史进程以来，没有任何时候像现在一样恰逢实现具有自身特色的现代化的一个历史发展新时代。如何抓住机遇，迎接挑战，积极参与人类命运共同体的构建，努力实现中华民族伟大复兴的中国梦，是中华民族在这个百年难遇的新历史时代所面临的重大历史使命。完成这一历史使命的关键在于能够培养出堪当这一历史重任的全面发展的人。为此，中国式现代化建设的领导者和设计者们恰逢其时地作出了统筹推进中国特色世界一流大学和一流学科建设的重大战略决策。“双一流”建设的核心和根本任务是培养人才，即坚持中国特色社会主义办学方向，培养德智体美劳全面发展的社会主义建设者和接班人。2016年召开的全国高校思想政治工作会议提出，要坚持把立德树人作为中心环节，把思想政治工作贯穿教育教学全过程，实现全程育人、全方位育人，努力开创我国高等教育事业发展的新局面。党的十九大再次提出了加快一流大学和一流学科建设，实现高等教育内涵式发展。为了贯彻落实党中央和国务院对我国高等教育事业发展提出的这一重大战略决策和一系列要求，我国首批获得“双一流”建设资质的高校都纷纷把立德树人摆在办学治校的核心位置上，结合自身的优势特色积极进行综合改革，努力培养能够适应我国现代化建设需要的一流人才。

然而，培养能够适应我国现代化建设需要的一流人才，不仅需要对大学生进行自然科学和社会科学教育，还需要对他们进行人文科学教育。虽然自然科学和社会科学十分重要，但是它们至多只能使人成为某种人，而不能从根本上使人成为人；唯有人文科学才是斯文在兹的"成人之学"或者安身立命的"为己之学"。人文科学教育的首要目标在于从根本上使人成为人，人的世界观、价值观和人生观的形塑与人文科学教育须臾不可离。培养一流人才必须以抓好人文科学教育为前提，只有这样才能达到"化成天下"之目的。因此，培养全面发展的人理当以人文科学教育为本分。自古及今，无论东西，但凡具有远见卓识的教育家都无不特别强调人文科学对整个人类文明的塑造和发展，以及人与自然、社会的和谐相处所具有的根本意义，特别强调立德树人和厚德载物的人文科学教育。

作为首批进入全国"双一流"建设高校的华中科技大学，虽然是一所以强大工科和医科为特色的高校，但是经过近几十年的积累，文科也取得了巨大进步，而且发展势头良好。华中科技大学历届领导班子都高度重视对理工科和医科学生进行人文科学教育，注重学生人文底蕴的积淀和人文价值的提升。目前，高扬人文素质教育已成为一张充分彰显华中科技大学人才培养特色的耀眼名片。为了更好地发挥人文科学在"双一流"建设中的育人功能，华中科技大学哲学学院党政领导班子瞄准"一流人才"培养目标，把教材建设作为学科建设和教学改革的重要抓手之一，决定编写并出版一系列普通高等教育"双一流"建设哲学类专业数字化精品教材，为我校"双一流"建设作出自己应有的贡献。

本系列数字化精品教材的编写坚持以下四个基本原则。第一，政治正确原则。本系列数字化精品教材的编写必须坚持以习近平新时代中国特色社会主义思想为指导，坚持马克思主义在意识形态领域的指导地位，坚持社会主义核心价值观，充分体现教材的价值导向功能和思想政治教育功能。第二，学术创新原则。本系列数字化精品教材要力争充分反映国内外最新哲学研究成果，注重挖掘新材料、发现新问题、借鉴新方法、提出新观点、构建新理论，充分体现教材的思想性、科学性、时代性和前瞻性，力争打造一流的精品教材。第三，学术规范原则。本系列数字化精品教材的编写必须严格遵守国家规定和学界公认的学术规范，无论是材料的遴选、思想的借鉴、观点的引用，还是体例的安排、语言的表达，都要尽可能做到符合教材的基本要求，不得出现任何违反学术规范的学术不端行为。第四，中国特色原则。本系列数字化精品教材的编写要充分体现构建中国特色哲学社会科学体系的要求，立足中国实际、解决中国问题、加强中国元素、讲好中国故事，把国际化与本土化有机融合起来，努力打造一批具有中国特色、中国风格和中国气派的一流教材。

虽然本系列数字化精品教材的编委会在主观上强调教材建设的使命感和责任感，要求每一本教材的编写者都必须遵循上述基本原则进行编写，并且努力做到严格审查，但是由于教材建设本身是一项复杂的系统工程，加之每一位编写者的能力和水平都有其自身的局限性，因此客观上难免存在着技术方面和学术思想方面的不足之处。在此衷心希望广大读者进行严格的审查和批判，欢迎大家多提宝贵的批判性和建设性的意见，以便我们在今后再版时能够予以修正。我们期待本系列数字化精品教材能够在培养一流人才的过程中对于弘扬人文精神、提升人文素养、增强人文情怀贡献自身的一份正能量！

**2020 年 8 月 31 日于武汉喻家山**

# 致　谢


本书能够顺利出版，得益于许多人。

首先，我要感谢我的学生们。在书稿的讲授过程中，他们总是会提出新的想法。1998年，上过我的逻辑课的两名学生，艾丽西亚·莫斯(Alicia Moss)和大卫·威尔森(David Wilson)，他们在课业范围外，曾花大量时间对书稿的早期版本进行校对，还列出了一个长长的纠错清单。我要特别感谢詹姆斯·蔡思(James Chase)。他在一门逻辑学导论课程中使用了本书的原稿，许多习题和例子也都是他提供的。针对书稿的最后版本，我的研究助理罗伯特·安德森(Robert Anderson)曾帮忙纠错，并指出其中表达的不当之处。

其次，我要感谢我的老师，特别是罗德·格尔(Rod Girle)、葛瑞汉姆·普莱斯特(Graham Priest)和约翰·思兰尼(John Slaney)。他们一定会发现，他们的一些观念和态度在本书中有所体现。假如我也能够启发和激励读者，正如我的老师能够启发和激励我一样，那么，我会感到十分欣慰。

最后，要感谢我的家人：其一是克里斯丁·帕克(Christine Parker)，她的爱和陪伴所教给我的，远远超出我的言语所能表达的范围；其二是扎卡里·卢克·帕克·莱斯托(Zachary Luke Parker Restall)，在我写完本书的时候，他就已经开始学着进行推理(reason)了。



**格里格·莱斯托**(Greg Restall)

**墨尔本大学**

**2003年3月**

# 目　录

# 导言

## 写给学生

学习逻辑的理由有很多。逻辑是关于好的推理的理论。学习逻辑不但能帮助我们做出好的推理，还能帮助我们理解好的推理在何意义上是好的。

逻辑可以有两种呈现方式，即形式的方式或者哲学的方式。本书同时聚焦逻辑的这两个方面。因此，我们会研究逻辑学家为好的推理建模所使用的技术。这里的"建模"是形式的，也是技术的，同我们在物理学、社会学、经济学等其他学科中看到的形式建模工作一样。

逻辑的哲学一面也是重要的，因为我们不但要尝试为好的推理建模，还要理解为什么好的推理是好的，为什么不好的推理是不好的。因此，我们不但要学习推理建模的技术，还要分析和解释这些技术。

逻辑的技术是抽象而严格的。这些技术之所以是抽象的，是因为我们聚焦的只是推理的某些特征。这些技术之所以也是严格的，是因为我们会对使用的概念进行定义，并严肃对待这些定义。这将使得我们可以尽可能地理解自己在干什么。

形式逻辑的技术可以有不同的应用方向。逻辑知识又可以应用到哲学、数学、计算机科学、语言学以及其他领域。逻辑对哲学是重要的，因为推理和论证的形式是哲学的一个核心部分。逻辑对数学是重要的，因为逻辑的形式化对于数学理论和数学结构的研究来说是重要的。实际上，我们将要学习的许多技术都产生于数学研究过程中。逻辑对于计算机科学是重要的，因为对问题或者计算机要执行的程序的描述实际上都是形式化的工作。另外，我们解决逻辑难题所使用的各种算法或方法，对于计算机科学中的求解也是有用的。逻辑对于语言学是重要的，因为逻辑学研究所使用的形式语言为语言学理论提供了有用的模型。

因此，逻辑影响着许多其他学科。在更一般的意义上，学习逻辑能帮助我们在其他任何领域的学习中保持精确和严谨。

这本书是一本可以自学的经典逻辑导论。若你想学习的是一个全面的经典逻辑导论，那么，你并非必须阅读其他读物。然而，其他书籍能够对本书知识予以补充。就我在本书中使用的逻辑方法而言，下面这些书籍会是有用的补充(方括号上角标内的数字对应的是参考文献清单中的编码)。

(1) 科林·豪森(Colin Howson)写的《树的逻辑》(*Logic with Trees*)[12]是一本导论教材,在介绍后承关系时,它同样将树方法作为基本工具。豪森的这本书对我们的这本教材是很好的补充:它会为树提供多种不同的解释,也会解释树方法到底是如何“运作”的。

(2) E. J. 莱蒙(E. J. Lemmon)写的《逻辑入门》(*Beginning Logic*)[15]是一本出色的导论类教材。在已经出版的教材中,对自然演绎法而言,这本教材或许是最好的导论(虽然这是一本已经出版了近六十年的老教材)①。莱蒙的教材聚焦的是自然演绎法(本书第 7 章会介绍这种方法),而非真值表方法和树方法,但这两种方法正是本教材会使用的。

(3) 雷蒙德·斯穆里安(Raymond Smullyan)写的《一阶逻辑》(*First-Order Logic*)[29]是比我们的这本教材更具技术性的一本书。如果你想知道用树方法还可以做些什么,可以参考这本书。

(4) 史蒂芬·里德(Stephen Read)写的《对逻辑的思考》(*Thinking About Logic*)[21]对本教材涉及的哲学议题有所讨论,也包括对其他主题的逻辑哲学的思考。

(5) 格雷姆·福布斯(Graeme Forbes)写的《现代逻辑》(*Modern Logic*)[6]比我们的这本教材的篇幅更长。《现代逻辑》同样融合了形式的逻辑和哲学的逻辑两种类型的议题。如果你想对这些议题有更多了解,我推荐你们读这本书。

(6) 大卫·博斯托克(David Bostock)写的《中阶逻辑》(*Intermediate Logic*)[2]与我们的这本教材覆盖类似的基础性知识,但它比我们的更加深入。如果你想对这些基础知识进行更深入的探究,博斯托克的这本书将是个不错的指南,前提是你得熟悉该书中的基本概念(与福布斯不同,博斯托克预设读者已经对形式逻辑有了基本的把握)。

(7) 乔治·布罗斯(George Boolos)和理查德·杰弗瑞(Richard Jeffrey)写的《可计算性与逻辑》(*Computability and Logic*)[1]是一本高阶教材。它涉及的主题包括可计算性、一阶逻辑(谓词逻辑)的基本定理(比如哥德尔不完全性定理、紧致性定理和勒文海姆-斯科伦定理)、二阶逻辑以及可证明性逻辑。

(8) 乔治·休斯(George Hughes)和麦克斯·克莱思威尔(Max Cresswell)写的《模态逻辑新引》(*A New Introduction to Modal Logic*)[13]是一本模态逻辑导论,涉及必然性和可能性的逻辑,我们将在本教材的第 6 章进行讨论。

(9) 我自己写的《子结构逻辑导论》(*An Introduction to Substructural Logics*)[22]对相干逻辑(以及相似的逻辑)有所介绍,在本教材的第 6 章和第 7 章有所涉及。不过,《子结构逻辑导论》比我们这本教材要“技术”得多。

我希望本教材会成为一本对你们有用的经典逻辑导论教材!

---

① 译者注:原文中是“对真值表方法和自然演绎法而言”,这与后面行文不一致,经对照,此处删掉“真值表方法”。

## 写给教师

在逻辑领域，有不少教材。我们这本教材的特点是它融合了形式的与哲学的两方面的特点。它向学生介绍二十一世纪早期逻辑领域的新动向。这本教材是灵活的，我们可以以多种方式使用。作为一本用来讲授逻辑导论的教材，下面是它的几种使用方法。

(1) 8～10 周的学期：用第 1—4 章介绍命题逻辑，用第 8—10 章引入谓词逻辑，这几章是本教材形式部分的核心。若想同时介绍形式的和哲学的两个方面，可以进行拓展，用第 1—7 章。

(2) 12 或 13 周的学期：用第 1—4 章和第 8—10 章作为课程的框架，再尽可能多地用其他章节来讨论哲学议题。在麦考瑞(Macquarie)大学和墨尔本(Melbourne)大学讲授这些材料的过程中，我发现将第 5 章的“含混性和二值原则”、第 6 章“条件句”、第 11 章“等词与函项”、第 13 章涉及的“自由逻辑”加进课程中，一个学期的课程就很不错。其他的章节可以按需适量加入。

(3) 一整年的课程：用整本书。这可以灵活处理。用形式的核心章节以及部分其他章节作为课程的主要部分，余下的内容可以作为可选附加作业的知识基础。每个“可选”章节都附有一定量的参考文献，可作为进阶读物。

我确信，逻辑学习最好是从形式和哲学两个方面同时进行。逻辑并不是一门“完成了”的科学。逻辑教学似乎给学生造成一种错误的印象，即所有重要的议题都已经被确定了，所有重要的问题都已经有了确定的答案。这是对这个领域的错误认识。诚然，在高阶数理逻辑抽象而艰深的研究中会出现有意义的议题。就算是在导论性的课程中，也会涌现出重要的议题。公开地将这些议题提出来是有益的。学生借此机会不但能够对这个学科有更加恰当的认识，而且能够吸引他们去做更深入的研究。

本教材有许多优点。我对命题逻辑和谓词逻辑的形式化处理方法，基于斯穆里安的《一阶逻辑》[29]。我们有理由在逻辑导论教材中用树方法[列表法(tableaux)]来展示谓词逻辑。

(1) 与大部分其他的证明系统不同，树方法是机械的。自然演绎系统以及与之相似的系统往往要求你要有“聪明的点子”才能完成一个证明。对于树方法而言，聪明的点子当然也会有帮助，但是，这不是必需的。如果一个结果是成立的，那么只要执行需要的规则就一定会产生这个结果。

(2) 树方法能够为可靠性定理和完全性定理提供更简单的证明。我们不必通过林登鲍姆(Lindenbaum)引理来提供一个包含量词证据的极大一致语句集，进而构造语义解释。树方法本身就提供语句集以及量词所需的证据。这意味着一本导论式教材能够以低年级学生可理解的方式，展示和证明可靠性和完全性定理。这是很重要的，因为在逻辑研究实践中，可靠性和完全性证明处于核心位置。

(3) 树方法确实能够为推理提供一种自然的形式化方法，流行的观念尚未意识到这点。传统的“公理加规则”系统将有效性证明界定为：先假设前提，再通过推理规则从前提推出新的真理。如果一个结论能够从前提和公理通过规则推出来，那么论证是有效的。这是一种重要的证明方式，但不是唯一的证明方式。树方法提供的是另一种方式，这种方式可称作“展示可能性”。为了知道一个论证是不是有效的，需要假设前提是真的而结论不是真的，然后去考察这是否是可能的。如果这是不可能发生的，论证就是有效的；如果存在这种可能性，论证就不是有效的。同“公理加规则”方式一样，这也是一种证明方式。

博斯托克在《中阶逻辑》[2]中，豪森在《树的逻辑》[12]中，都使用了本教材所使用的树方法。如果你们想了解更多的例子，请参考这些书。

习题的答案并没有写在书中，但是可以在网上获得，网址是：http://consequently.org/logic/。学生能够自己找到答案，因此，将这些习题作为作业是不明智的。针对本教材，如果你想帮忙提供其他的习题作为作业，请发邮件联系我：greg@consequently.org。当然，我也欢迎你们提供任何意见和建议来帮助我完善本书。

我希望本教材会成为对你们有用的经典逻辑导论教材！

逻辑有多重身份：它是一门科学，一种艺术，一个玩具，一番快乐，有时也是一件工具。

——多罗西·格鲁沃(Dorothy Grover)、努尔·贝尔那普(Nuel Belnap)

# 第一部分

# 命 题 逻 辑

# 第 1 章

# 命题与论证

逻辑只关心推理。日常生活中，我们考虑可能性，考虑不同的假设会带来什么，考虑不同的选择会有怎样的结果，在相互竞争的立场或选项之间进行权衡。在这些情况下，我们都是在推理。逻辑的研究对象就是“好的推理”，特别是研究“什么使得一个推理是好的推理”。

为了理解“好的推理”，我们需要了解推理的对象为何物，我们给什么“东西”提供理由？我们会为做某事而不做其他的事提供理由（这是行为的理由），也会为更喜欢某物而不是其他物品提供理由（这是偏好的理由）。在逻辑学研究中，我们并不会特别关注这样的推理；相反，逻辑关心的是为相信什么而不相信其他提供理由。信念是特殊的，它们不但是推理的结果，也是推理的前提。因此，让我们从这样的问题开始：信念到底是什么类型的东西？我们用来推理的东西是什么？

## 命题

我们将我们相信（或不相信）的东西称作命题。这个称呼本身并不重要，但命题和其他事物之间的区别是重要的。我们通过句子表达命题。如果我问你关于某物你相信什么，你很可能会通过一个句子回答。我们用句子能做的事有很多，表达命题只是其中一种。我们也用句子进行提问，表达感受、欲望和希望，发出命令，提出请求等。对推理实践而言，在诸多功能中，相信和陈述行为是核心的。因此，对推理和逻辑而言，命题具有最核心的重要性。我们乐于对事物“是”的样子进行断言，并为此进行推理。因此，用来表达我们认为事物“是”或事物“不是”的样子（或者表达我们还没决定好相信或不相信的东西）的命题，便是逻辑关注的焦点。

我们将通过对照，展示表达命题的句子和不表达命题的句子之间的差别。下面例句表达命题：

我在学习逻辑。

如果你愿意，今晚我来做晚饭。

昆士兰队赢得了谢菲尔德盾杯。

月球是由绿色的奶酪构成的。

大部分战争都是恐怖的。

2＋7＝9。

心灵并不是大脑。

在有的情形下安乐死是可以得到辩护的。

没有一个行业能与娱乐行业相媲美。

我很痛。

以上例句中的每个句子，我们都可以同意或者不同意。对每个断言，我们都可以赞成或不赞成，相信或不相信，或者也可以悬而未决。

对应的，下面的句子并不表达命题：

走开！

请把盐递给我。

你好！

坦桑尼亚的首都是哪里？

啊！

这些句子并不表达命题——它们并不是断定性的，不是我们能够相信或不相信的东西，不是我们能够用来推理的东西。这样的句子承担其他功能，比如表达情感和问候，提出问题或请求。

我们通过描述事物“是”的样子（至少是描述事物对我们而言看起来的样子）表达命题。命题是可以为真或假的东西。我们的描述是成功的，或者是不成功的。在逻辑研究中，我们关心命题之间的关系，如一些命题可以充当其他命题的理由。这一给出理由的过程，我们称之为论证。

## 论证

在日常情况下，论证是人与人之间的对话。在逻辑学中，我们并不会研究对话的所有方面。我们只关心人们为自己的观点提供理由时所表达的命题。对我们而言，论证包含一个被称作前提的命题序列，后面是一个诸如“因此”“所以”的词，最后跟着另一个命题，该命题被称作结论。看一个例子：

如果一切都是被决定的，那么人们就不是自由的。　前提

人们是自由的。　前提

所以，并非一切都是被决定的。　结论

我们会审查（诸如以上这个论证的）好的论证，以及回答一个好论证因何为好的论证。

一个论证为好论证的重要方式是“前提保证结论”。就是说，如果前提是真的，那么结论就一定是真的。我们不再一般地称这些论证为好论证（这么称呼是没用的，因为还有多种意义的好论证），而是将他们称作是有效的。我们来概括一下第一个定义：

一个论证是有效的，当且仅当，它的前提是真的，结论也是真的。

换句话说，前提为真而结论为假是不可能的。

不难判断，前面给出的关于自由意志和决定论的论证是有效的。如果两个前提是真的，结论一定是真的。如果结论是假的，也就是说，如果一切都是被决定的，那么一

定有一个前提是假的，即人们是不自由的，或者纵使决定论成立，人们依然可以是自由的。

这说明了有效论证是多么重要。在你相信前提的情况下，有效论证为你提供了相信结论的理由；假如你不相信结论，有效论证则展示了命题之间的重要关系。如果你相信一切都是被决定的，那么，你必须拒绝其中的一个前提。论证的有效性不会迫使你持有这个或那个观点，相反，它会帮你看到有多少选项可供选择。

也有其他意义上的好论证。请看下面这个论证：

如果人是哺乳动物，那么人不是冷血的。

人是冷血的。

所以，人不是哺乳动物。

这显然是一个有效论证，但是，没有一个正常人会相信它的结论。这是因为它的前提是假的(第二个前提是假的。不过，这就足够了，在这里的意义上，一个假前提足以导致一个坏论证)。这促使我们有了第二个定义：

一个论证是可靠的，当且仅当它是有效的，并且其前提都是真的。

因此，一个可靠的论证的结论也一定是真的。

可靠性比有效性要求得更多。可靠性要求前提和结论之间的逻辑联系，但这还不够——可靠性还要求实际的真。可靠论证的结论永远是真的，但这对有效论证并不成立。有的有效论证的结论是真的，有的有效论证的结论是假的。

当然，假如我们对一个论证的前提的真假有分歧，那么，我们就会对该论证的可靠性有分歧。假设我们拥有一个有效论证，但是不确定其前提的真假，那么，也会不确定该论证是不是可靠的。

当然，还有其他意义上的好论证和坏论证。一种好论证会牵涉到归纳的强弱，但本教材不会讨论。有时，我们所做论证的前提并不具有足够的信息来保证结论，但是，前提能够使结论成立的可能性大于不成立的可能性。假如一个论证的前提是真的，它的结论会是有可能成立的，那么，我们称该论证在归纳的意义上是强的。假如前提的真不能使结论是有可能成立的，那么，该论证在归纳的意义上是弱的。对归纳强弱的研究属于归纳逻辑领域，在本教材中，我们不会研究归纳逻辑。我们聚焦的这部分被称作演绎逻辑——研究论证有效性的逻辑。

## 论证形式

考虑前面提到的两个论证，它们有非常重要的相似性——它们的外观或者说结构是一样的。我们会说，它们拥有如下的形式：

如果 p，那么并非 q

q

所以，并非 p

第一个论证严格遵循这样的形式。如果我们让 p 代表“一切都是被决定的”，q 代表

“人是自由的”，我们将大致还原为原来的论证。

第二个论证也拥有相同的形式。这里，让 p 代表“人是哺乳动物”，让 q 代表（不那么合理的）命题“人是冷血的”。该论证具有的形式是重要的，因为无论我们用 p 和 q 代表什么命题，我们都将得到一个有效论证。比如，如果用 p 代表“功利主义是成立的”，让 q 代表“我们应该总是遵守诺言”，我们将得到一个示例：

如果功利主义成立，我们不应该总是遵守诺言。

我们应该总是遵守诺言。

所以，功利主义不成立。

如果你们想要更多的示例，请用 p 和 q 去代表其他的命题。

我们可以这样定义：

一般地，针对一个给定命题，用字母替换其中的“子命题”，就会得到一个命题形式。所得到的结果被称作原来命题的一个形式。

比如，“如果 p，那么天会下雨”是“如果天气是多云，那么天会下雨”的一个形式，因为我们用 p 替换了“天气是多云”。类似地，“如果 p，那么 q”也是“如果天气是多云，那么天会下雨”的一个形式，因为我们又用 q 替换了“天会下雨”。

也就是说：

给定一个命题形式，用句子替换其中字母所得到的句子（或者与结果同义的句子），被称作该命题形式的一个示例。

因此，“如果天气是多云，那么天会下雨”是“如果 p，那么 q”的一个示例。“如果昆士兰队率先攻击，那么成绩会更好”也是“如果 p，那么 q”的一个示例，其中 p 被“昆士兰队率先攻击”替换，而 q 被“昆士兰队的成绩会更好”替换。

命题形式中同一个字母可以重复出现。比如，“或许 p，或许并非 p”是一个完全合法的命题形式。它的例子包括“或许他会来，或许他不会来”“或许昆士兰队会赢，或许昆士兰队不会赢”。对这样的命题形式，为了得到其示例，我们必须用相同的句子替换相同的字母。可见，论证形式就是以一个或几个命题形式为前提，以另一个命题形式为结论。论证形式的示例就是将相同的字母替换为相同的句子。

如果一个论证形式的每个示例都是有效的，我们称该论证形式是有效的。理由显而易见。如果一个论证具有某个已知有效的论证形式，便可知该论证一定也是有效的。因此，给定一个有效的论证形式，你可以就你所关心的内容来随意构造有效论证。通过有效的论证形式，我们可以构造出有效的论证。形式逻辑研究有效论证形式。本书对逻辑的介绍也将聚焦于论证形式。

请注意，一个论证可以是一个无效论证形式的示例，但该论证依然是有效的。我们前面提到的论证是有效的，但是，它们也具有下面的形式：

如果 p，那么 q

r

所以，s

这是一个无效论证形式。它拥有很多无效的示例。比如：

如果你是教皇，那么，你是天主教徒。
2是偶数。
所以，月球是由绿色的奶酪构成的。

这个论证不是有效的，因为前提都是真的，结论却是假的。然而，这个论证形式也拥有有效的示例。如果我们用“一切都是被决定的”替换 p，用“人们不是自由的”替换 q，用“人们是自由的”替换 r，用“并非一切都是被决定的”替换 s，便得到了上文中那个关于决定论和自由意志的论证。这是该论证形式的合法示例，该论证是有效的，但是这个形式却是无效的。当然，这并不意味着我们对形式的认识有什么问题——它仅仅说明这个形式的描述力不够，或者说还不够精细，难以说明这个论证的有效性。这个论证是有效的，但是，这个新的论证形式不够精细，难以说明该论证的有效性，而我们最初提供的论证形式足够说明该论证的有效性。

## 小结

至此，让我们做个小结，关于有效性和论证形式，我们认识了如下的事实。

- 一个论证的有效性，要求在前提为真的任何情形下，结论也是真的。
- 假如存在前提为真而结论不真的可能性，那么论证就是无效的。
- 一个论证形式展示了论证的某种结构。
- 如果一个论证具有某个特定形式，该论证被称作该论证形式的一个示例。
- 一个论证形式是有效的，当且仅当它的每个示例都是有效的。
- 有效论证形式的示例都是有效的。
- 无效论证形式的示例也可能是有效的。

## 进阶读物

关于表达命题的句子和不表达命题的句子之间的区分，请参考 A. C. 格雷林（A. C. Grayling）写的《哲学逻辑引论》（*An Introduction to Philosophical Logic*）[8] 的第2章。

马克·塞恩斯伯里（Mark Sainsbury）写的《逻辑形式》（*Logical Forms*）[25] 是聚焦逻辑形式的一本逻辑导论书。逻辑形式和非逻辑形式的界限是一个富含争议的话题。关于逻辑形式和那些也许不应该被称作“逻辑”形式的其他类型的形式之间的界限问题，吉拉·谢尔（Gila Sher）写的《逻辑的界限》（*The Bounds of Logic*）[26] 对其进行了技术层面的讨论。

## 习题

本章以及后面各章的习题都分成了两部分。基础的习题用来强化本章的概念和观念，高阶的习题拓展到了其他领域，会更难。建议读者完成所有的基础习题，确保已经把握了本章的内容之后再去做高阶的习题。

### 基础习题

**1.1**　下面句子中哪些表达命题？不表达命题的句子又表达什么（比如表达了问题、命令、感叹、希望等）？

①　悉尼在墨尔本的北面。

②　爱丁堡在苏格兰吗？

③　月球是由瑞士奶酪制成的。

④　你看到那次的日食了吗？

⑤　多么令人惊叹的日食啊！

⑥　真希望我擅长逻辑。

⑦　快看日食。

⑧　我期望我能擅长逻辑。

⑨　7＋12＝23。

⑩　如果你们能拉凯里进来，你们就赚了。

**1.2**　请考虑下面论证形式，如果我们用命题来替换其中的 p、q、r，那么将得到这些论证形式的示例。这些论证形式中，哪些是有效的？针对无效的论证形式，尝试给出有效的示例和无效的示例。

肯定前件式（modus ponens）：如果 p 那么 q，p，所以 q。

否定后件式（modus tollens）：如果 p 那么 q，并非 q，所以并非 p。

假言三段论（hypothetical syllogism）：如果 p 那么 q，如果 q 那么 r，所以，如果 p 那么 r。

肯定后件式（affirming the consequent）：如果 p 那么 q，q，所以 p。

析取三段论（disjunctive syllogism）：p 或者 q，并非 p，所以 q。

析取引入式（disjunction introduction）：如果 p 那么 r，如果 q 那么 r，所以，如果 p 或者 q，那么 r。

**1.3**　逐个考虑下面论证，尝试回答它们是否具有后面的论证形式。

（1）　格里格和凯洛琳教 PHIL137，凯洛琳教 PHIL137 和 PHIL132，因此，格里格教 PHIL137 并且凯洛琳教 PHIL132。

（2）　格里格和凯洛琳教 PHIL137，凯洛琳和凯特丽奥娜教 PHIL132，因此，格里格教 PHIL137 但不教 PHIL132。

（3）　格里格教 PHIL137 和 PHIL280，凯洛琳教 PHIL137，因此，格里格和凯特琳教 PHIL137。

论证形式：

①　p 并且 q，r 并且 s，所以 t。

②　p，q，所以 r。

③ p 并且 q，q 并且 r，所以 p 并且 r。

## 高阶习题

**1.4** 有时判定一个句子是否表达命题并不容易，请考虑下面这些句子，它们表达命题吗？如果表达的话，它们是真的还是假的？或者，它们属于真假之外的其他情况吗？这些句子引发广泛争议，你的看法是怎样的？

① 2＋太平洋＝贝多芬。

② 当今法国的国王是秃顶[①]。

③ 这个句子是假的。

④ 这个句子是真的。

⑤ “Twas brillig，and the slithy toves did gyre and gimble in the wabe.”

**1.5** 每个无效的论证形式都有有效的示例吗？

**1.6** 每个有效的论证都拥有一个有效的论证形式吗？

如果没有任何理由假设一个命题是真的，那么，(我)相信它并不可取。

——伯特兰·罗素(Betrand Russell)

---

① 当今法国没有国王。

# 第 2 章

# 联结词与论证形式

如第 1 章所述，论证具有不同的形式，我们可以通过考察论证形式来研究论证的有效性与无效性。一个论证的形式展示它所具有的结构。不同类型的形式对应不同类型的结构。我们用命题联结词考察命题结构。联结词规定通过给定命题构造新命题的方式。在各种论证形式中，联结词的功能相当于“螺母和螺栓”。研究这些命题联结词的逻辑被称作命题逻辑，这是本书前半部分将要聚焦的内容。

## 合取与析取

考虑下面两个命题：

如果一个行为让人快乐，该行为就是好的。

遵守诺言永远都是好的。

你可能会同时相信这两个命题。你可以通过断定它们的合取来同时断定这两个命题：

如果一个行为让人快乐那么该行为就是好的，并且遵守诺言永远是好的。

这是一个单个的命题——你可以相信它，可以不相信它，也可以悬而未决。这也是一个特殊的命题，因为它同时关联到两个其他命题。它被称作原来的两个命题的合取。一个合取命题是真的，仅当它的两个合取支都是真的。若原来的命题中有一个是假的，这个合取就是假的。

更一般地，给定两个命题 p 和 q，它们的合取是命题：

p&q

原先的命题 p 和 q 被称作 p&q 的合取支。为了方便，在描述命题的形式的时候，我们用“&”缩写“并且”“和”“并”。[1]

有的句子中的“和”用来连接句子的部分而不是句子。考虑下面句子：

正义和包容是重要的。

这里，“和”连接的是正义和包容这两个词。这两个词（自身）并不表达命题。然而，这个句子依然是一种合取。至少它与下面两个句子的合取是同义的：

正义是重要的。

---

① 译者注：原著中都是“and”，为了与下文匹配，这里译为“并且”“和”“并”三个词。

包容是重要的。

这是因为,“正义和包容是重要的”是“正义是重要的并且包容是重要的”的一种更简短的表达方式而已。

然而,我们必须小心!有时包含“和”的句子并不表达命题的合取。比如,有时用“和”进行连接的并不是命题,而是其他事物。比如,如果我说:

科林和艾洛尔结婚了。

这不是两个命题的合取。它当然不是“科林结婚了”和“艾洛尔结婚了”两个命题的合取:

科林结婚了并且艾洛尔结婚了。

该句话的意思是完全不同的。这个合取命题并没有说科林是和艾洛尔结婚了,然而(至少在我所熟悉的口语中)“科林和艾洛尔结婚了”意味着的确是他们俩结婚了。

与“和”类似,有时我们用“并”来连接两个命题,但是,它并不表达一种简单的合取。我们可能用“并”表明的是两个命题之间的某种顺序。比如,下面两个命题:

我出去并吃了晚餐。

我吃了晚餐并出去。

这两个命题说的是完全不同的事。第一个句子表示的是,我先出去了,然后吃了晚餐。第二个句子表达的是,我吃了晚餐,然后出去了。这些都不是我们所定义的命题的合取,因为让“我吃了晚餐”和“我出去”为真并不足以保证“我出去并吃了晚餐”为真。为了使之为真,我们还需要一种顺序。

此外,句子之间的简单隔开,也不意味着合取。① 考虑下面的情况,比如,一个女人拿枪对着你,她说:

你走错一步,我开枪。

她说的是:如果你走错一步,她就开枪。然而,这两个命题的合取断定的是,你走错一步,并且她会开枪。这显然是不同的意思。

到底“和”“并”等词的哪些用法真正表达合取?这需要谨慎分析。② 但在这里,我们不会讨论这个议题。下面,我们将考察连接命题的其他方式。

我们可以通过断定两个命题的析取来断定其中有(至少)一个命题成立。比如,在本章开篇涉及使人快乐的好与遵守诺言的好的例子中,你或许会认为遵守诺言应该是一件好事。但是,通过阅读一些功利主义者的书籍,他们的思想会让你认为,好事应该

---

① 译者注:原著中说的是,看下文中“and”不表达合取的例子。这个例子中的“and”在中文中无法译出,甚至无须译出。例子原文是“One false move and I shoot”。译者勉强翻译为“你走错一步,我开枪”,但作者聚焦的“and”实难译出。因此,根据中文翻译的结构,这里的意思重述为:句子之间的简单隔开,也不意味着合取。

② 译者注:这里考察的是逻辑上的合取是否与日常英语中的“and”完全对应。作者的意图是说明它们并不完全对应。具体而言,他试图说明“and”在不同的语境下意义不同,逻辑合取只是其中的一种意义。但这并不会给英文教材带来什么问题,大致而言,这就是“一词多义”现象。但是,这会给翻译带来不小的问题。这是因为,我们难以找到一个中文词作为“and”的一般翻译,并且该中文词恰好能在不同语境下同样具有语境敏感性。比如,我们不能将“and”统一翻译为“并且”。假如那样翻译,“Colleen and Errol got married”就要翻译为“科林并且艾洛尔结婚了”,然而,两者说的根本不是一回事,后者甚至不是合法的中文表达。前者表达的是他们俩结婚了,后者却没有这样的隐含意义。类似地,翻译为其他中文词也不行。译者的翻译策略是,按照作者的呈现顺序,直接将“and”在不同语境下的“多义”翻译出来,并分别说明这些意义不等同于逻辑合取。这乃是中英文差异导致的一个不得已的做法。

以人类的快乐为基础。也许你还不确定功利主义到底有哪些优势，但是，你至少可以断定下面的析取命题：

一个行为让人快乐就是好的，或者，遵守诺言永远是好的。

因为你认为，大多数情况下遵守诺言都是好事，只有在遵守诺言会阻碍人们幸福的情况下才会是不好的。

给定命题 p 和 q，我们将它们的析取写作“p∨q”。原来命题 p 和 q 被称作 p∨q 的析取支。p∨q 是真的，仅当两个析取支中有一个成立。

析取有相容和不相容之分。相容析取允许两个析取支同时成立的可能性存在，而不相容析取排除了这种可能性。这种差别可以这样说明：

一个行为让人快乐就是好的，或者，遵守诺言总是好的（并且两者可以同时成立）

这是相容析取。假如你认为功利主义可能会排除掉一些遵守诺言的所谓好事，但是，你并不确定是否一定如此，你可能会做出这样的断言：兴许从整体上，与不遵守诺言相比，遵守诺言会使人更加快乐。

如果你认为不存在这种可能性，那么，你可以断定它们的不相容析取：

一个行为让人快乐就是好的，或者，遵守诺言总是好的（并且两者不能同时成立）。

在我们对联结词的研究中，我们经常使用的是相容析取而不是不相容析取，因此，我们会将“p∨q”读作命题 p 和 q 的相容析取（符号“∨”源自表达“或者”的拉丁词“*vel*”）。

## 条件句与双向条件句

通过断言两个命题同时为真，对它们进行合取。通过断言两个命题中至少有一个为真，对它们进行析取。还有一种连接命题的方式是判断它们之间的联系。比如，还是考虑功利主义，你可能最终并不认为功利主义就是对的，或者功利主义就是错的（你对两端都不确定），但是，你确信的是：

如果一个行为让人快乐就是好的，那么，遵守诺言就总是好的。

更一般地，给定两个命题 p 和 q，我们能够断言一个条件命题“如果 p 那么 q”。原来的命题 p 和 q 分别是这个条件命题的前件和后件。与合取和析取的情况不同，我们给了这两个部分不同的称呼，因为它们在复杂命题中承担的功能不同。“如果 p 那么 q”与“如果 q 那么 p”是非常不同的。

针对条件句，我们要保持谨慎。下面这几种句子的语法结构并不相同，p 和 q 出现的顺序也不尽相同，但是，它们表达的却是同一种关系：

如果 p 那么 q

如果 p，q

q 如果 p

p 仅当 q

在所有这些句子形式中，p 和 q 都分别是前件和后件。这里有一个技巧用来记住上面的形式：“如果 p”是一个记号，表示 p 是条件句的前件，无论它出现在句子的开头还是结尾。因此，“如果 p 那么 q”以及“q 如果 p”判断的是，p 和 q 之间具有同一种联系。它们说的都是，p 成立的条件下，q 也会成立。与此对应，“仅当 q”也是一个记号，表示 q 总是后件。p 为真只有 q 为真，那么，p 真则 q 真。

考虑几个例子。如果你知道“如果 p 那么 q”，你一旦发现 p 是真的，那么，你就知道 q 也是真的。“仅当”则是相反方向的情况。如果你知道“p 仅当 q”，那么，一旦你发现 p 为真，那么你也将知道 q 是真的。因此，“p 仅当 q”与“如果 p 那么 q”的效果是一样的。这并不意味着，“如果 p 那么 q”和“p 仅当 q”在所有的情形下都具有相同的意思。如果我说“p 仅当 q”，我可能表示的是，q 是 p 的某种条件。比如，当我说：

我去海滩，仅当天气晴好。

我说的是，晴好的天气是我去海滩的某种条件。与之相对应，如果我这么说就会显得有些奇怪：

如果我去海滩，那么天气晴好。

因为这听起来好像在说，我去海滩使得天气晴好。这样的话，依赖关系好像“调转”了方向。然而，在每一种表达中，“我去海滩”都是前件，“天气晴好”都是后件，因为在两种情况下，如果我去海滩，天气晴好都会随之成立。

无论我们用什么词语表达条件关系，我们都会把以 p 和 q 分别为前件和后件的条件句记作：

$$p \supset q$$

前件是结果(后件)出现的条件。

我们也可以通过判断一个双向条件句来表示两个命题之间具有双向的条件关系：

一个行为让人快乐就是好的，当且仅当遵守诺言总是好的。

给定两个命题“p 和 q”，“p 当且仅当 q”构成双向条件命题。我们分别将 p 和 q 称为“左语句”和“右语句”。双向条件句将被记作：

$$p \equiv q$$

请注意，双向条件句 $p \equiv q$ 与 $(p \supset q) \& (q \supset p)$ 的意义是一样的。其中，双向条件句 $p \equiv q$ 是条件句 $(p \supset q)$ 与 $(q \supset p)$ 的合取。

在书面语中，可以将“当且仅当”缩写为“iff”。“iff”依然读作“当且仅当”。在本书中，我们会采用这个缩略符号。

## 否定

根据已有命题构造新命题的最后一种方式是否定。通过在适当的位置添加“不”，就可以完成对一个命题的否定断言。比如：

遵守诺言不总是好的。

是下面命题的否定：

遵守诺言总是好的。

为了达成否定一个命题的效果，对添加“不”的位置，我们要保持谨慎。我们需要的是这样一个命题——它所断言的仅仅是:原来的命题是假的。如果我们添加“不”的位置不当,就会得到另外一个不同的命题。如果我说:

遵守诺言总是不好的。

这是比原命题的否定更强的一个命题。我说的是,遵守诺言总是坏的,从来不会是好的。这比仅仅否定“遵守诺言总是好的”要求更多。

一般而言,给定一个命题 p,我们可以用“并非 p”来表达对 p 的否定。这看起来有点笨拙,但是,在任何情况下这种方法都是奏效的。该命题称作 p 的否定,而 p 称作该命题对应的被否定命题。我们将 p 的否定记作:

$$\sim p$$

严格讲,否定并不是一个联结词,因为它并没有连接不同的命题。它实际上是一个算子,它对原命题进行运算产生一个新的命题。但我们将联结词这个概念模糊化处理,将合取、析取、否定、条件和双向条件都称作联结词。

还有其他的联结词,可以用来从简单命题构造复杂命题。这样的联结词有“甲相信……”“乙希望……”“可能”“因为”等。我们将聚焦前面已经展示的联结词,因为它们构成我们大部分推理的核心部分,是需要处理的最简单的联结词。在第 6 章,我们会对可能算子和必然算子进行一定的考察。但是,现在我们只考虑前面已展示的联结词,即合取、析取、条件、双向条件和否定。

## 一种形式的语言

概括一下前面的内容。我们可以总结出命题联结词符号(见表 2.1)。

**表 2.1 命题联结词**

| 名 字 | 读 法 | 符 号 |
|---|---|---|
| 合取 | ……并且…… | & |
| 析取 | ……或者…… | ∨ |
| 条件 | 如果……那么…… | ⊃ |
| 双向条件 | ……当且仅当…… | ≡ |
| 否定 | 并非 | ～ |

以这些联结词为基础,我们就可以构造一个形式的语言来描述论证的结构。我们会用一系列的符号来表示命题。到底使用哪些符号并不重要,重要的是,要有足够多的符号。一个限制是不能用联结词来代表命题(那会引起混乱)。我们将使用小写字母来代表命题,如果不够的话,我们可以为小写字母加下标。这里是一些例子:

$$p \quad q \quad j \quad k \quad r_3 \quad s_{14}$$

这些符号将被称作原子命题,或者原子公式,因为它们是最小的有意义的单位。对我们来说,$p_{14}$ 和 $p_{15}$ 的联系不会比 $p_{14}$ 与 q 之间的联系更强。每个原子命题与其他的原子命题之间都没有联系。

这样我们就可以根据相应的规则用联结词从已有命题中构造新的命题。规则大致如下：

①任何的原子公式都是公式。

②如果 A 是一个公式，那么～A 也是。

③如果 A 和 B 是公式，那么(A&B)，(A∨B)，(A⊃B)以及(A≡B)都是公式。

④除此外，再没有其他公式。

因此，下面这些都是公式：

((p&q)⊃r)；～～((p∨～q)≡～r)；(((p⊃q)&(q⊃r))∨(p⊃r))

因为它们都是根据规则由原子公式构造而成。第一个公式的构造过程如下：

p 和 q 是公式(它们是原子)。

因此，(p&q)是公式(它是公式 p 和 q 的合取)。

r 是一个公式(它是原子)。

因此，((p&q)⊃r)也是公式(它是由公式(p&q)和 r 构造而成的条件句)。

其他两个公式可以以类似的方式运用规则构造而成。为了与那些不是公式的符号相对照，我们有时候将这些公式称作“合式公式”。

下面的符号是用否定和其他联结词从原子公式中构造而成的，但是，它们不是公式，因为它们不是根据公式的形成规则构造而成的，如：

p～；(p&q&r)；≡pq；(p≡q⊃～r)

第一个符号，即 p～，不是公式，因为否定联结词总是置于所否定公式的左面。第二个符号，即(p&q&r)，不是公式，因为合取联结词的运用规则总是要求将其合取支用括号括起来，若要得到一个三元的合取式，只能是(p&(q&r))或者是((p&q)&r)。

另外两个公式的情况类似。双向条件联结词要置于其他的公式之间，而不是前置于其他公式。关于最后一个公式，我们应该或者用括号将 p≡q 括起来，或者将 q⊃～r 括起来。

我们称一个公式是复合公式，当且仅当它不是原子公式。复合公式一定会包含联结词。在构造一个公式的过程中，最后被引入的联结词被称作主联结词。原子公式没有主联结词，因为原子公式不包含任何联结词。

前面公式的主联结词情况见表 2.2。

表 2.2 公式的主联结词

| 公式 | 主联结词 |
| --- | --- |
| ((p&q)⊃r) | ⊃ |
| ～～((p∨～q)≡～r) | ～ |
| (((p⊃q)&(q⊃r))∨(p⊃r)) | ∨ |

为了避免写太多的括号，如果主联结词不是否定，我们会省略公式最外面的括号。因此，我们有了公式：

$$(p\&q)\supset r$$

而不再写成：

$$((p\&q)\supset r)$$

这样，我们完成了对公式的定义。我们将用公式来定义论证形式，进而对论证形式进行研究。

## 更多论证形式

我们刚刚考察了由其他命题构成的多种不同命题的形式，这些命题被称作复合命题。不是复合命题的命题是原子命题。给定一个论证，我们可以通过分析其中命题的结构找到其最具描述力的命题型论证形式。具体而言，我们要为论证中出现的原子命题列一个清单，并用原子公式对论证进行重写。下面我们将通过一个例子展示这个过程。考虑下面论证：

如果狗跑了，那么门是开的。

如果门是开的，那么安妮就没有关门。

因此，如果安妮关了门，狗便没有跑。

该论证中的原子命题是：

狗跑了。

门是开的。

安妮关了门。

该论证中的所有命题都是通过联结词由原子命题构造而成。接下来，我们用原子公式来代表这些命题。这样，我们就形成一个代表命题的字母清单：

r＝狗跑了。

o＝门是开的。

c＝安妮关了门。

然后，我们便获得如下论证形式：

$r\supset o$

$o\supset\sim c$

因此，$c\supset\sim r$

这个论证形式展示了原论证的结构。再考察另外一个例子，我们也将找出其最具描述力的论证形式：

如果你赴宴，马科斯就不会赴宴。

如果马科斯赴宴，若朱莉也在那里，我就会开心。

因此，如果你赴宴但是朱莉不在宴会，我就不会开心。

首先，我们为原子命题列一个清单，并选取合适的字母对应：

p＝你赴宴。

m＝马科斯赴宴。

g＝我开心。

j＝朱莉在宴会。

然后，我们便获得如下论证形式：

$$p \supset \sim m$$

$$m \supset (j \supset g)$$

因此，$(p \& \sim j) \supset \sim g$

这个例子相对更复杂一些。在形成字母表的过程中，我们需要对原子命题进行一点修正。比如，j 表示“朱莉在宴会”，而不是表示“朱莉也在那里”。另外，我们将结论中的“但是”读作合取。我们将“你赴宴但是朱莉不在宴会”符号化为“$p \& \sim j$”，按照字面直接读的话，这说的是“你赴宴并且并非朱莉在宴会”。纵使做出这样的一些修正，这也并没有改变原论证的意思。① 一旦我们获得了论证形式，就可以运用形式逻辑的技术进行研究了。

关于如何找到论证形式，还有其他很多补充。在第 3 章我们将对论证形式进行分析。为了帮助你熟悉并掌握寻找论证形式的技巧，请完成课后习题。

## 小结

我们定义了一种形式语言：

- 首先，我们有一系列的原子公式，使用小写字母表示。
- 如果 A 和 B 是公式，那么，它们的合取(A&B)也是公式。(A&B)读作“A 并且 B”。
- 如果 A 和 B 是公式，那么，它们的析取(A∨B)也是公式。(A∨B)读作“A 或者 B”。析取可能是相容的(A 成立或者 B 成立或者两者同时成立)，也可能是不相容的(A 成立或者 B 成立且两者不同时成立)。
- 如果 A 和 B 是公式，那么，它们对应的条件句(A⊃B)是公式。(A⊃B)读作“如果 A 那么 B”。A 和 B 分别是该条件句的前件和后件。
- 如果 A 和 B 是公式，那么，它们对应的双向条件句(A≡B)是公式。(A≡B)读作“A 当且仅当 B”，“当且仅当”常缩略为“iff”。
- 如果 A 是一个公式，那么，它的否定～A 是公式。～A 读作“情况是并非 A”，或者简单读作“并非 A”。
- 原子公式是公式，但不是合取，不是析取，不是条件句，不是双向条件句，也不是否定。
- 通过这一步骤我们可以获得一个论证的最具描述力的论证形式：为论证中的

① 如果“你会赴宴但朱莉不会”包含比“你会赴宴并且朱莉不会”更多的信息的话，那么多出的信息反映了我们期待两者都成立，但我们的期待令人惊讶地落空了，这与到底谁会赴宴以及因此带来什么样的结果并没有关系。

原子命题列一个字母清单，然后通过原子命题对论证进行重述，再用字母对这些原子命题进行替换。

## 习题

**2.1** 针对下列否定命题，找出对应的被否定命题。

① 格里格不在城里。

② 弗莱德不是很聪明。

③ 敏不是一个坏学生。

④ 不是每辆车都是燃油充足的。

⑤ 这辆车既不是红色的也不是柴油车。

**2.2** 针对下面的合取命题，确定其合取支。

① 温度是零下5度并且乌云密布。

② 他累了但是他想继续前进。

③ 虽然波浪破碎了，但激起的浪花并不高。

④ 虽然有罢工发生，但是供电并未中断。

⑤ 弗莱德和杰克不是机械师。

**2.3** 针对下面析取命题，确定其析取支。

① 或者埃里克在那儿或者雪子在那儿。

② 这辆车是白的或者是黄的。

③ 布莱恩在攻读博士学位或者硕士学位。

④ 下雨或不下雨。

⑤ 我想要咖啡或茶。

**2.4** 针对下面条件句，确定其前件和后件。

① 如果下雨，我就走回家。

② 如果你向外看，会发现我所打理的漂亮花园。

③ 如果我累了，我的逻辑就不太好。

④ 只有我清醒，我的逻辑才是好的。

⑤ 如果我清醒，我的逻辑就是好的。

⑥ 你会通过的，如果你努力学习。

⑦ 世界的未来将获保障，仅当我们能消除核武器。

⑧ 世界的未来将获保障，如果我们能消除核武器。

⑨ 如果不是奥斯瓦德射杀了肯尼迪，就是另外有人射杀了他。

⑩ 假若奥斯瓦德没有射杀肯尼迪，也会另外有人会射杀他。

**2.5** 针对下面的复合命题，确定它是什么类型的命题，再指出该命题经由哪些子命题构造而成。如果所考虑命题是复合的，就继续分解这个命题，直到得到的是原子命题（比如，我们将命题“马科斯是PHIL134课堂的学生，并且他课堂表现并不糟糕”

做如下分析:这是一个合取命题,其合取支分别是“马科斯是 PHIL134 课堂的学生”和“马科斯课堂表现并不糟糕”,“马科斯是 PHIL134 课堂的学生”是原子命题,而“马科斯课堂表现并不糟糕”是一个否定命题,它对应的被否定命题是“马科斯课堂表现糟糕”)

① 克里斯汀是开心的,如果她不想她的论文。

② 我不知道是否她会赴宴。

③ 如果西奥多注册了 PHIL134 课程并且他通过了考试,那么,他能继续修高阶逻辑课程。

④ 如果西奥多没有注册 PHIL134,或者他没有通过考试,那么,他不能继续修高阶逻辑课程。

⑤ 我相信,而且你也知道,你或者离开宴会或者就吵吵闹闹。

**2.6** 使用下面字母对应的清单来翻译下面的公式。

y:雪子是一个语言学家
c:克里斯汀是一个律师
p:帕瓦洛斯是一个逻辑学家

① $\sim y$

② $\sim y \vee p$

③ $\sim y \equiv c$

④ $y \supset (c \supset p)$

⑤ $(y \& \sim p) \supset c$

⑥ $y \& c$

⑦ $\sim (y \& p)$

⑧ $\sim (y \equiv c)$

⑨ $\sim \sim c$

⑩ $y \equiv (c \vee \sim p)$

⑪ $y \vee c$

⑫ $y \equiv p$

⑬ $y \supset c$

⑭ $(y \supset c) \supset p$

⑮ $(y \supset c) \equiv (c \supset y)$

**2.7** (用习题 2.6 的字母清单)将下面的语句翻译为公式。

① 克里斯汀不是一个律师。

② 雪子是一个语言学家并且帕瓦洛斯是一个逻辑学家。

③ 如果帕瓦洛斯是一个逻辑学家,那么,雪子是一个语言学家。

④ 帕瓦洛斯是一个语言学家,或者,雪子不是一个语言学家。

⑤ 实际上并非:帕瓦洛斯是一个逻辑学家并且克里斯汀是一个律师。

⑥ 雪子是一个语言学家,仅当帕瓦洛斯是一个逻辑学家并且克里斯汀不是一个

律师。

⑦　克里斯汀是一个律师，如果雪子是一个语言学家或者帕瓦洛斯不是一个逻辑学家。

⑧　雪子是一个语言学家，当且仅当，或者帕瓦洛斯是一个逻辑学家或者克里斯汀不是一个律师。

⑨　或者帕瓦洛斯是一个逻辑学家，或者雪子是一个语言学家当且仅当克里斯汀是一个律师。

⑩　或者帕瓦洛斯是一个逻辑学家或者雪子是一个语言学家，仅当克里斯汀是一个律师。

**2.8**　下面哪些符号是合式公式？

①　$\sim p$

②　$p\sim\sim$

③　$(p \& \sim q) \supset (\sim q \& q$

④　$\sim q \supset (p \supset \sim p)$

⑤　$p \vee q \vee r$

⑥　$\sim\sim r$

⑦　$p \supset q \supset r$

⑧　$(p \supset q) \equiv q \equiv r$

⑨　$\sim p \& q$

⑩　$p \& \sim p$

我不是一个骗子。

——理查德·尼克松(Richard Nixon)

# 第 3 章

# 真值表

在第二章，我们引入了一种形式语言，用来刻画论证的结构。现在，我们将用这种形式语言来分析论证形式。为此，我们会考察每个联结词与“真”和“假”有怎样的联系。这是因为前提和结论的真假与论证的有效性有密切的联系。

## 真值表

我们将以某种方式去理解联结词在论证中起的作用。我们需要注意，命题乃是可以为真或假的东西。一个复合命题的真值本质地依赖于构造该命题所需的那些命题的真值。

举一个简单的例子，如果 p 是真的，那么，～p 就是假的。如果 p 是假的，那么，～p就是真的。如果用 1 代表真，用 0 代表假，我们可以用表格表示为：

| p | ～p |
|---|---|
| 0 | 1 |
| 1 | 0 |

表格中后两行代表的是 p 的真假情况。在第一行(不包含表头)(有时我们说在第一种情况下)，p 是假的，在该情况下，～p 是真的。在第二行(不包含表头)中，p 是真的，在这种情况下，～p 是假的。

否定联结词很简单，它只是一个一元联结词。其他的联结词都是二元的，它们都连接两个命题。给定两个命题 p 和 q，它们的真假情况一共有以下四种：

| p | q |
|---|---|
| 0 | 0 |
| 0 | 1 |
| 1 | 0 |
| 1 | 1 |

如果 p 是假的，q 有两种可能性。类似地，若 p 是真的，q 也有两种可能性。结果是 2×2＝4，一共有四种可能性(类似地，若有三个不同命题，p、q 和 r，就有 8 种不同的可能性，因为 p 和 q 合起来，与 r 为真将对应 4 种可能性，类似地，与 r 为假也对应 4 种

可能性。更一般地，若有 $n$ 个不同命题，就是 $2\times2\times\cdots\times2$(乘 $n$ 次)，就是说有 $2^n$ 种不同的可能性)。

有了前面的说明，现在考虑其他的联结词。先考虑合取。如果 p 和 q 都是真的，p&q 是真的，否则，就是假的。这样，合取对应的表格是这样的：

| p | q | p&q |
|---|---|---|
| 0 | 0 | 0 |
| 0 | 1 | 0 |
| 1 | 0 | 0 |
| 1 | 1 | 1 |

p&q 为真的唯一一行是 p 和 q 同时为真的情况。在其他情况下，均为假。

至于析取，p∨q 为真，当且仅当，p 和 q 中至少有一个为真。请注意，我们将析取看作是相容的。如果两个析取支都是真的，那么，它们的析取是真的。如果只有一个析取支是真的，它们的析取也是真的。这样，我们就有如下表格：

| p | q | p∨q |
|---|---|---|
| 0 | 0 | 0 |
| 0 | 1 | 1 |
| 1 | 0 | 1 |
| 1 | 1 | 1 |

p∨q 为假的唯一一行是两个析取支都为假的情况。

在考虑其他联结词之前，我们来看看如何用真值表处理复合命题。考虑公式～(p&～q)。它是公式 p&～q 的否定。p&～q 又是原子命题 p 和否定命题～q 的合取。这个公式的真值依赖于 p 和 q 的真值，因此，我们需要考虑 4 种不同的可能情况。我们先从下面表格开始，这个表格的左面展示的是原子公式对应的 4 种不同情况：

| p | q | ～(p&～q) |
|---|---|---|
| 0 | 0 | |
| 0 | 1 | |
| 1 | 0 | |
| 1 | 1 | |

为了计算出这个复合公式的真值，我们要先通过 q 的值计算出～q 的值。因此，我们在 q 出现的位置重复 q 的值，然后，在～q 中～的位置下写出～q 的值，～是～q 的主联结词。这样，我们有了下一阶段的表格：

| p | q | ～(p&～q) |
|---|---|---|
| 0 | 0 | 1 0 |
| 0 | 1 | 0 1 |
| 1 | 0 | 1 0 |
| 1 | 1 | 0 1 |

有了每种情况下～q 的值，就可以计算每种情况下 p&～q 的值了。我们在 p 出现的位置下重复 p 的值。然后，由这些值以及～q 的值，根据合取联结词对应的真值表，计算出这个合取公式的值。我们在 & 的下面写出该合取公式的值。这样，我们得到了下面表格：

| p | q | ～(p&～q) |
|---|---|---|
| 0 | 0 | 0 0 1 0 |
| 0 | 1 | 0 0 0 1 |
| 1 | 0 | 1 1 1 0 |
| 1 | 1 | 1 0 0 1 |

第三行（不含表头）是 p 和～q 同时为真的唯一一行，因此，也是合取式 p&～q 为真的唯一一行。若要得到最终的表格，我们需要对 p&～q 进行否定，在～符号的下面写出相应的值，～是整个公式的主联结词，即：

| p | q | ～(p&～q) |
|---|---|---|
| 0 | 0 | **1** 0 0 1 0 |
| 0 | 1 | **1** 0 0 0 1 |
| 1 | 0 | **0** 1 1 1 0 |
| 1 | 1 | **1** 1 0 0 1 |

我们用黑体来书写这一列的值，表示这些值是整个公式在各种不同的可能情况下的取值情况。这种计算方法可以用来一般地计算具有任何复杂度的公式的真值。若包含 3 个不同原子公式，我们需要为公式画出 8 行，若包含 4 个不同的原子公式，我们需要画出 16 行，如此等等。表格中的每一行都代表一种不同的可能性或情况。无论 p、q、r 等原子公式的真值是什么，真值表中对应的那些行都会告诉我们，以这些原子公式为组成部分的相应复合公式的真值是怎样的。

为了完成对复合公式的真值表的定义，我们还需要考察条件句和双向条件句的真值表。这些情况比其他联结词的情况要更麻烦一些。

条件句 p⊃q 与复合命题～(p&～q)拥有相同的真值表。从下面的表格中可以得出这一结论。只有在 p 为真而 q 为假的情况下，该公式才为假，其他情况下，则都为真。即：

| p | q | p⊃q |
|---|---|---|
| 0 | 0 | 1 |
| 0 | 1 | 1 |
| 1 | 0 | 0 |
| 1 | 1 | 1 |

条件句 p⊃q 拥有这样的真值表，因为该条件句与～(p&～q)之间存在紧密的联系。考虑下面两个论证。

(1) 如果 p⊃q 是真的，那么，若 p 是真的，则 q 一定是真的(这正是条件句所说的结论)。因此，我们不会有 p 为真而 q 为假的情况，也因此，p&～q 不为真，进而，～(p&～q)为真。

(2) 反过来，如果～(p&～q)是真的，我们来考虑，如果 p 为真，情况会怎样。在这种情况下，你不会有 q 为假，因为 p&～q 不是真的(我们所假设的是～(p&～q)为真)。因此，我们不会有 q 为假，就是说，q 一定会是真的。因此，如果 p 为真，则 q 也为真。换句话说，p⊃q 是真的。

根据前面两段论证，p⊃q 与～(p&～q)具有相同的真值，因此，只有在 p 为真而 q 为假的情况下，p⊃q 才会是假的。一个条件句为假，当且仅当存在一个明确的相反情况，就是说，前件为真而后件为假。

在第 6 章，我们将深入探讨如何解释条件句，因为针对上面的分析并非没有异议。不过在这里，我们将这个真值表赋予条件句。这样定义的条件关系常常被称作“实质蕴含”。这个称谓表明，针对条件句的其他定义也是可能存在的。

最后的联结词是双向条件。双向条件句 p≡q 是 p⊃q 与 q⊃p 的合取。它是假的，当且仅当，p 为真而 q 为假，或者 p 为假而 q 为真。其他情况下，它是真的。因此，我们有了下面表格：

| p | q | p≡q |
|---|---|---|
| 0 | 0 | 1 |
| 0 | 1 | 0 |
| 1 | 0 | 0 |
| 1 | 1 | 1 |

根据表格，p≡q 为真，当且仅当，p 和 q 具有相同的真值。

在考虑如何用真值表评价论证形式之前，我们再看一个复合命题的真值表，具体要考虑的公式是((p≡q)&p)⊃q。

| p | q | ((p≡q)&p)⊃q |
|---|---|---|
| 0 | 0 | 0 1 0 0 0 **1** 0 |
| 0 | 1 | 0 0 1 0 0 **1** 1 |
| 1 | 0 | 1 0 0 0 1 **1** 0 |
| 1 | 1 | 1 1 1 1 1 **1** 1 |

我们用相同的方法构造了上面表格。首先，在 p 和 q 的值给定的情况下，计算出 p≡q 的取值。然后，算出(p≡q)&p 的取值情况。最后，再结合 q 的取值情况，算出每行中整个命题的真值。加黑的那一列即为最终结果。

我们会注意到，这个命题是特殊的。无论 p 和 q 取什么值，((p≡q)&p)⊃q 的值总是真的。我们将这样的命题称为重言式。无论情况是怎样的，重言式总是真的。

相应的我们将每行都为假的命题称为矛盾式，也可以称该命题是不一致的。下面是一个矛盾式及其真值表：

| p | q | ((p⊃q)&p)&～q |
|---|---|---|
| 0 | 0 | 0 1 0 0 0 **0** 1 0 |
| 0 | 1 | 0 1 1 0 0 **0** 0 1 |
| 1 | 0 | 1 0 0 0 1 **0** 1 0 |
| 1 | 1 | 1 1 1 1 1 **0** 0 1 |

如果一个命题既不是重言式也不是矛盾式，就会存在前提为真的情况，也存在前提为假的情况。这些命题被称作偶真命题。

为命题构造真值表的一般方法如下：

(1) 写出要考虑的命题，在另一边列出它包含的原子命题。

(2) 写出所有的行($n$ 个原子命题对应 $2^n$ 行)，在原子命题的下方写下不同的 1 和 0 的组合。

(3) 在该公式包含的原子公式的下方重复相应的真值列。

(4) 由里向外根据规则计算真值。

(5) 主联结词对应的一列给出的是这个公式的真值情况，这是最后的真值列。

(6) 如果最后结果一列中不含 0，该命题总会是真的，它就是重言式。

(7) 如果最后结果一列中不含 1，该命题无论如何都不会是真的，它就是矛盾式，或者说是不一致的。

(8) 如果最后结果一列不是前面两种情况，它有时为真，有时为假，它便被称作是偶真的。

真值表中每一行代表的是世界可以“是”的一种方式。为了确保我们已经表示了所有的可能情况，我们将原子命题的所有真值(真和假)组合都列出来。然后，更复杂命题的真值将由更简单的命题真值确定。假如在原子命题的任意取值之下，一个命题都取“真”值，那么无论世界具体是什么样子的，它一定是真的，它就是重言式。相反，如果它无论如何都不能为真，那么它就是矛盾式。如果它可以为真，也可以为假，那么就是偶真式。

在本书中，我们接下来会将一个真值表的一行称为相应公式的一个赋值。如果一个公式在一个赋值下被分派的值是1，那么，我们称该赋值满足该公式。有了这个定义，可知重言式在每个赋值下都是被满足的，不被任何赋值满足的公式是矛盾式，偶真式则是有时被满足有时不被满足。

## 论证形式的真值表

我们也可以用真值表和赋值检验论证形式。为此，需要做一个表格为论证形式的前提和结论进行赋值。这将列出关于前提和结论的所有不同的可能性，我们可以借此检验是否存在前提为真而结论为假的可能性。

下面是论证形式“p⊃q，q⊃p，因此 p≡q”的赋值情况：

| p | q | p⊃q | q⊃p | p≡q |
|---|---|---|---|---|
| 0 | 0 | 0 **1** 0 | 0 **1** 0 | 0 **1** 0 |
| 0 | 1 | 0 **1** 1 | 1 **0** 0 | 0 **0** 1 |
| 1 | 0 | 1 **0** 0 | 0 **1** 1 | 1 **0** 0 |
| 1 | 1 | 1 **1** 1 | 1 **1** 1 | 1 **1** 1 |

由上表可知，该论证形式是有效的，因为在前提同时为真的情况下[如第一行和第四行(不含表头)所示]结论也同样为真。用前面引入的技术词汇来讲，同时满足两个前提的赋值同样会满足结论。我们将这个结果用如下符号表达：

$$p\supset q, q\supset p \models p\equiv q$$

符号⊨用来表示论证形式的有效性。我们也说，前提演推结论。

如果 X 是一个公式集合，A 是一个公式，那么，X 演推 A(记作 X⊨A)，当且仅当，每个满足 X 中所有公式的赋值同样满足 A。等价的表述是，不存在满足前提集 X 但不满足结论 A 的赋值。

真值表也是展示无效论证形式的方法。考虑论证形式：p⊃q，～p，因此～q。它的真值表是这样的：

| p | q | p⊃q | ～p | ～q |
|---|---|---|---|---|
| 0 | 0 | 0 **1** 0 | **1** 0 | **1** 0 |
| 0 | 1 | 0 **1** 1 | **1** 0 | **0** 1 |
| 1 | 0 | 1 **0** 0 | **0** 1 | **1** 0 |
| 1 | 1 | 1 **1** 1 | **0** 1 | **0** 1 |

该表格显示，的确存在前提为真而结论为假的情况。第二行（不含表头）提供了这样的一个赋值，它满足两个前提，但是，并不满足结论。我们通过在$\vDash$的上面打一条斜线表示论证形式的无效性。我们用下面符号表示前提并不演推结论：

$$p \supset q, \sim p \nvDash \sim q$$

这个真值表除了说明论证形式的无效性，还提供了其他的信息。它提供给我们一个前提为真而结论为假的具体赋值。第二行（不含表头）便是这样一个赋值。我们将这个赋值记作：

$$p=0, q=1$$

这个赋值是该论证形式的一个反例。它为我们提供了一种使得前提为真而结论为假的方法。

让我们考察一个更长的论证形式。我们考虑论证这样一个形式：

$$\sim p \vee (q \supset r), \sim q \supset r \vDash p \supset r$$

换句话说，我们将论证从$\sim p \vee (q \supset r)$和$\sim q \supset r$到$p \supset r$的论证形式是有效的。它的真值表有8行，因为它包含3个原子公式。即：

| p | q | r | $\sim p \vee (q \supset r)$ | $\sim q \supset r$ | $p \supset r$ |
|---|---|---|---|---|---|
| 0 | 0 | 0 | 1 0 **1** 0 1 0 | 1 0 **0** 0 | 0 **1** 0 |
| 0 | 0 | 1 | 1 0 **1** 0 1 1 | 1 0 **1** 1 | 0 **1** 1 |
| 0 | 1 | 0 | 1 0 **1** 1 0 0 | 0 1 **1** 0 | 0 **1** 0 |
| 0 | 1 | 1 | 1 0 **1** 1 1 1 | 0 1 **1** 1 | 0 **1** 1 |
| 1 | 0 | 0 | 0 1 **1** 0 1 0 | 1 0 **0** 0 | 1 **0** 0 |
| 1 | 0 | 1 | 0 1 **1** 0 1 1 | 1 0 **1** 1 | 1 **1** 1 |
| 1 | 1 | 0 | 0 1 **0** 1 0 0 | 0 1 **1** 0 | 1 **0** 0 |
| 1 | 1 | 1 | 0 1 **1** 1 1 1 | 0 1 **1** 1 | 1 **1** 1 |

这个表格里有两个结论为假的行，即第五行和第七行（不含表头）。在第五行中，第二个前提是假的，在第七行中，第一个前提是假的。因此，并不存在一个赋值同时满足两个前提却不满足结论。

在结束对真值表的学习之前，我们要注意一个有趣的事实，即真值表为命题演算中的论证形式提供了一个有效性判定程序。任给一个（有穷的）论证形式，我们能在有限的时间内（或许会很长）判定该论证形式是不是有效的。但并非所有判定有效性的系统方法都具有这一特征。

## 如何快速找到赋值

真值表方法有其优势，但是，很显然，为较复杂的公式或论证画出真值表需要很长的时间和巨大的篇幅。比方说，考虑下面公式：

$$((((((((p_1 \supset p_2)\&(p_2 \supset p_3))\&(p_3 \supset p_4))\&(p_4 \supset p_5))$$
$$\&(p_5 \supset p_6))\&(p_6 \supset p_7))\&(p_7 \supset p_8)) \supset (p_1 \supset p_8)$$

它的真值表将会有 $2^8=256$ 行，这种工作量已经远远超出我们的耐心所能承受的范围。为了能够在实践中判定一个公式是否是重言式（或者一个论证形式是否是有效的），那么，我们需要的是（比真值表法）更好的判定方法。真值表方法的一个常见的改进办法（虽然未必总是会有改进）被称作配值法（MAV）。这种方法背后的道理很直接：为了展示一个论证形式是有效的（或者一个公式是一个重言式——这里我们会将公式看作不包含前提的论证），我们必须展示，不存在一个前提为真而结论为假的赋值。因此，为了说明论证有效与否，我们就尝试找到这样的赋值。如果有这样的一个赋值，那么，论证就是无效的。如果不存在这样的赋值，那么，论证就是有效的。配值法步骤大致如下：

(1) 在结论的主联结词下面写 0，在前提的主联结词下面写 1（如果有前提的话）。

(2) 然后从外向里计算原子命题的值——根据已经有的赋值算出其他命题必须取的值。如果没有必须取的值，就写出两行，每一行对应一种可能性。

(3) 如果能够完成这个过程，便有了一个针对所考虑论证形式有效性的反例。如果不能完成这个过程，就是说某个命题必须同时被赋予 0 和 1，我们知道，该论证形式是有效的。

考虑下面这个例子。我们会检验 $((p \supset q)\&(q \supset r))\&(r \supset s)/(r\&s) \supset p$ 这一论证形式[①]。我们先写出结论和前提，再在下面列一行，在前提的主联结词下面写“1”，在结论的主联结词下面写“0”，即：

| $((p \supset q)\&(q \supset r))\&(r \supset s)$ | $(r\&s) \supset p$ |
|---|---|
| 1 | 0 |

然后，就会有必须取的值。前提中的合取是真，因此两个合取支都是真的。结论中的条件句是假的，因此，我们必须让前件为真，而后件为假。即：

| $((p \supset q)\&(q \supset r))\&(r \supset s)$ | $(r\&s) \supset p$ |
|---|---|
| 1 1 1 | 1 0 0 |

然后，还有其他必须取的值。结论中的 p 是假的，因此前提中的 p 也一定是假的。类似地，既然 $((p \supset q)\&(q \supset r))$ 是真的，那么它的两个合取支也都是真的。类似地，既然 $r\&s$ 是真的，r 和 s 也就都是真的。即：

| $((p \supset q)\&(q \supset r))\&(r \supset s)$ | $(r\&s) \supset p$ |
|---|---|
| 0 1 1 1 1 1 | 1 1 1 0 0 |

① 译者注：此处“/”的左边是前提，右边是结论。后文同。

r 和 s 为真是前提真值分配允许的。这样的取值与 $r\supset s$ 为真是一致的(假若我们已经知道 $r\supset s$ 为假,那么我们就不能继续这个过程,进而我们将能判断该论证形式有效,因为我们无法找到反例)。我们可以继续让 q 为真或者假——至于选择哪个是无所谓的。这里,让我们选择假,这样我们便得到了如下的表格:

| ((p⊃q)&(q⊃r))&(r⊃s) | (r&s)⊃p |
|---|---|
| 010 1 011 1 111 | 11100 |

因此,该论证形式不是有效的,我们已经找到一个满足前提却不满足结论的赋值:

$$p=0,q=0,r=1,s=1$$

再看另外一个例子,考虑论证形式:$p\equiv q,(q\&r)\equiv(p\vee r)/q\equiv r$。我们像前面一样,开始将前提和结论分别列为真和假:

| p≡q | (q&r)≡(p∨r) | q≡r |
|---|---|---|
| 1 | 1 | 0 |

但是,这里不同的是,我们有许多选择。根据已经有的值,并没有必须要取的值。比如,为了使得 $q\equiv r$ 为假,我们可以让 q 和 r 分别为真和假,也可以让 r 和 q 分别为真和假。所以,我们需要两行:

| p≡q | (q&r)≡(p∨r) | q≡r |
|---|---|---|
| 11 | 1 0 1 0 | 100 |
| 10 | 0 1 1 1 | 001 |

每行 q 和 r 的真值决定了 q&r 的值。因为 $p\equiv q$ 被设置为真,所以 q 的值决定了 p 的值。于是我们有这样的两种情况:

| p≡q | (q&r)≡(p∨r) | q≡r |
|---|---|---|
| 111 | 1001 1 0 | 100 |
| 010 | 0011 0 1 | 001 |

到这里,我们遇到了麻烦。给定 p 和 r 的值,$p\vee r$ 在每一行都是真的。然而,我们要的是 $(q\&r)\equiv(p\vee r)$ 为真,而 q&r 为假。到这里,卡住了。没有办法赋予 $p\vee r$ 一个值,并满足我们的要求。我们通过在相应的位置标注“×”表示:

| p≡q | (q&r)≡(p∨r) | q≡r |
|---|---|---|
| 111 | 1001 1×0 | 100 |
| 010 | 0011 0×1 | 001 |

这表明,并不存在一个赋值使得 $p\equiv q$ 和 $(q\&r)\equiv(p\vee r)$ 为真并使得 $q\equiv r$ 为假。因此,该论证形式是有效的。就是说:

$$p\equiv q,(q\&r)\equiv(p\vee r)\models q\equiv r$$

至此，我们便介绍了真值表方法和配值法，这是用来检验论证形式有效性的基本方法。请大家完成课后习题，练习这些技巧。

## 小结

• 要为一个公式或者论证形式构造一个真值表，需在第一行写出所有的公式，并在左侧列出这些公式中出现的所有原子公式。

• 在第一行的下面画出 $2^n$ 行，其中 $n$ 是原子公式的个数。然后，在这些行左侧的原子公式的下面分别列出原子公式的所有的真假组合。

• 在每个公式中原子公式的下方重复相应的值。

• 根据联结词的真值表，从里向外算出相应的值。这些规则是一定要记住的。

• 如果判定的是公式，那么，该公式对应的主联结词下的一列值就是该公式的值。如果这一列中只有 1，该公式是一个重言式。如果这一列中只有 0，那么，该公式是矛盾式。否则，该公式便是偶真式。

• 如果判定论证形式。该论证形式是有效的，当且仅当，前提同时为真的所有行，结论也是真的；它是无效的，当且仅当，有一行中的前提为真而结论为假。

• 真值表的一行就是相应公式的一个赋值。一个论证形式是有效的，当且仅当不存在一个赋值使得前提为真而结论为假。其等价的说法是，任意一个满足前提为真的赋值都同样满足结论。

• 我们用“X⊨A”表示论证形式 X/A 是有效的。

• 配值法是一个技巧，与列出所有赋值的真值表法相比，这种方法能帮助我们更快地找到相应赋值。为了判定一个公式是不是重言式，我们需要尝试构造一个赋值使得该公式为假。如果存在(至少)一个这样的赋值，那么该公式便不是重言式。如果不存在，该公式就是一个重言式。

• 要通过配值法来判定一个论证形式是不是有效的，尝试构造一个赋值使得前提为真而结论为假。如果存在(至少)一个这样的赋值，那么该论证形式便是无效的。如果不存在，就是有效的。

## 习题

### 基础习题

**3.1** 为第二章习题 2.6 中的公式画出真值表。

**3.2** 下面哪些公式是重言式？

p⊃((p⊃q)⊃q)；p∨(p⊃q)；(p&(p⊃q))⊃q；((p&q)⊃r)⊃(p⊃r)；((p⊃q)⊃p)⊃p

**3.3** 两个公式被称作是等值的，当且仅当，它们在所有的赋值下具有相同的真值。换句话说，如果将它们的真值表组合在一起，它们在每一行都具有相同的值。

① 请展示 $p$ 和 $\sim\sim p$ 是等值的。

② 请展示 $p \& q$ 与 $q \& p$ 是等值的。

③ 请展示 $p \supset q$ 与 $\sim p \vee q$ 是等值的。

④ $p \supset (q \supset r)$、$(p \supset q) \supset r$、$\sim p \vee \sim(q \& \sim r)$ 中有等值的公式吗？

⑤ $p \& \sim p$、$\sim(q \supset q)$、$r \vee \sim r$、$s \supset s$ 中有等值的公式吗？

**3.4** 判定下面论证形式是否有效。在正式判定之前，请先做出直觉上的判断。然后，将你的直觉判断与真值表（或配值法）展示的结果进行比对。你的直觉判断与真值表法得到的结果会有冲突吗？假如有这样的情况，你能解释为什么会这样吗？

① $p, p \supset q / q$

② $p, q / p \equiv q$

③ $p \& q / p \equiv q$

③ $p, q \supset p / q$

⑤ $p, q / p \& q$

⑥ $p / p \vee q$

⑦ $p \equiv q, p \equiv \sim q / \sim p$

⑧ $p \supset (q \supset r) / q \supset (p \supset r)$

⑨ $p \supset \sim p / \sim p$

⑩ $\sim\sim p / p$

⑪ $p \supset q / (r \supset p) \supset (r \supset q)$

⑫ $p \supset q / \sim q \supset \sim p$

⑬ $p / \sim p \supset q$

⑭ $p \supset (p \supset q) / p \supset q$

⑮ $p, q / q \supset q$

⑯ $p \vee q, \sim q \vee r / p \vee r$

⑰ $p \supset q / q \supset p$

⑱ $p \supset (q \supset r) / (p \supset q) \supset r$

⑲ $(p \& q) \supset r / p \supset (\sim q \vee r)$

⑳ $p \supset q, r \supset s / (q \supset r) \supset (p \supset s)$

**3.5** 广播中的一个商业广告是这样的：如果你想喝桔子汁，却没想着喝桔花牌，那么，你想喝的不是桔子汁。广告商似乎认为的是：如果你想喝桔子汁，你想喝的（就）是桔花牌。这能得出这个判断来吗？（提示：令 j 代表“你想喝桔子汁”，b 代表“你想喝桔花牌”。再判定得到的论证是否有效。）

**3.6** “只有花钱解决这些问题，我们才能让饥民的生活变好。因此，如果我们花钱解决这些问题，我们就能让饥民的生活变好。”这个论证是有效的吗？写出其论证形式，并判定其论证形式是否有效。

**3.7** 伊曼努尔·康德（Immanuel Kant）在书中写道：“如果我们用经验的方式研究道德理论，我们就要考虑一个个的案例行为。而如果我们要考虑一个个的案例行为，便需要选择案例的原则。但是，如果我们需要选择案例的原则，就不是在用经验的方式研究道德理论。因此，我们不用经验的方式研究道德理论。”这个论证是有效的吗？写出其论证形式，判定其论证形式的有效性。

**3.8** “或者我会有一个宠物，或者我会买一个布谷鸟时钟。如果我得到一个宠物，那么我得到的会是一只猴子。我会买一个布谷鸟时钟，只有在我碰到一个能说会道的钟表销售员之时。因此，我不会既得不到一只猴子，又碰不到一个能说会道的钟表销售员。”这个论证是有效的吗？写出其论证形式，并判定其论证形式的有效性。

**3.9** “如果只有我不给植物浇水时今天下午才会下雨，那么今天下午下雨。因此今天下午会下雨。”这个论证是有效的吗？写出其论证形式，并判定其论证形式是否有效。

**3.10** “如果乔西努力工作，他就能够买一辆车，并且，如果艾米丽努力学习，她就能拿到学位。因此，如果乔西努力工作，艾米丽就能拿到学位，或者，如果艾米丽努力学习，乔西将能买一辆车。”这个论证是有效的吗？写出其论证形式，然后判定其论证形式是否有效。

**3.11** 引入析取的时候，我们提示，有时析取是相容的，有时是不相容的。我们已经给出了相容析取的真值表。不相容析取也有一个真值表吗？如果有的话，那会是怎样的表格。

## 高阶习题

**3.12** 回顾习题3.5至习题3.10。是否有这样的情况：实际上论证是无效的，但是，逻辑形式的翻译是有效的；或者，实际上是有效的，但逻辑形式的翻译却是无效的。请想一想为什么会这样？

**3.13** 一个联结词，为方便记作“·”，可以通过其他联结词进行定义，当且仅当存在一个包含这些联结词的表达式与 $p \cdot q$ 等值。

① 证明相容析取可以通过合取和否定进行定义，即证明 $p \vee q$ 与 $\sim(\sim p \& \sim q)$ 等值。

② 通过 &、∨ 和～定义不相容析取。

③ 通过 & 和～定义不相容析取。

④ 证明前面提到的所有联结词都可以通过 & 和～进行定义。

⑤ 证明前面提到的所有联结词都可以通过⊃和～进行定义。

⑥ 证明并非前面提到的每个联结词都可以通过 &、∨ 和⊃进行定义。

⑦ “谢弗竖”通过下面真值表进行定义：

| p | q | p\|q |
|---|---|---|
| 0 | 0 | 1 |
| 0 | 1 | 1 |
| 1 | 0 | 1 |
| 1 | 1 | 0 |

$p|q$可读作“并非 p 且 q”。请论证，我们接触到的所有联结词都可以通过“谢弗竖”进行定义。

⑧ 请列出所有二元联结词的真值表，总计会有 $2^4=16$ 种，因为表格中的每个空位会有两种可能情况。为每个联结词取一个名字，要大体上能够反映对应的真值表操作上的特征。再论证这个列表中的每个联结词都可以通过“谢弗竖”进行定义，也可以分别被{&，～}、{∨，～}和{⊃，～}进行定义。

⑨ 请展示：并非每个联结词都可以通过≡和～进行定义。

**3.14** 请画出(p⊃q)∨(q⊃p)、(p⊃q)∨(q⊃r)、(p&～p)⊃q、p⊃(q∨～q)的真值表。尝试用命题去替换 p、q 和 r(比如，我会成为世界知名的逻辑学家，昆士兰队会赢得谢菲尔德盾杯)。我们用“⊃”来翻译条件句，对此，前面真值表带给我们怎样的思考？如果按照日常的条件句进行理解，前面哪些公式会真的是重言式呢？

**3.15** 下面哪些陈述是成立的？请为你的答案进行解释和说明。在每个陈述中，X 和 Y 是公式集合，A、B 和 C 是单个的公式。我们将 X⊨A 读作“满足 X 中所有公式的赋值也满足 A”，将“Y，A⊨B”读作“任何满足 Y 中所有公式和 A 的赋值都满足 B”。

① 如果 X⊨A，并且 Y，A⊨B，那么，X，Y⊨B。

② 如果 X⊨A，那么，X ⊭～A。

③ 如果 X，A⊨B，并且 X，～A⊨B，那么，X⊨B。

④ 如果 X，A⊨B，那么，X⊨A⊃B。

⑤ 如果 X⊨A⊃B，那么，X，A⊨B。

⑥ 如果 X ⊭A，那么，X⊨～A。

⑦ 如果 X，A⊨C，并且 X，B⊨C，那么，X，A∨B⊨C。

⑧ 如果 X，A&B⊨C，那么，X，A⊨C 或者 X，B⊨C。

⑨ 如果 X，A⊨C 或者 X，B⊨C，那么，X，A&B⊨C。

⑩ 如果 X，A⊨B 或者 X，B⊨A，那么，X⊨A≡B。

真和假是话语的属性，而不是事物的属性，没有话语的地方，便没有真也没有假。

——托马斯·霍布斯(Thomas Hobbes)

# 第 4 章

# 命题逻辑的树

配值法对真值表法做出了极大的改进，但是，这种方法同样可能会失控。通常的情况是，我们不知道我们的论证到了哪一步。关于一个论证是否有效，我们并没有获得更多提示。我们所知道的仅仅是，存在那样的一个反例(如果存在反例的话)。本章我们将介绍一种新的评价论证的方法，这种方法与配值法一样快速而高效，且更容易操作，同时对于所考察的论证形式而言，该方法将为我们提供更多的信息。我们将要论证的命题之结构称作“分析树形图”，或者更简单地，称作“树”。

为了引进树，先需要充分了解论证的有效性如何运作，这将是很有帮助的。有效性符号“$\models$”是重要的。通过前提和结论之间的后承关系，我们可以做更多事情。首先，让我们概括一下这个定义：

$X\models A$，当且仅当，满足 X 中所有公式的赋值同样满足 A

或者，如果你更喜欢一种否定性的表述，等价的说法是：

$X\models A$，当且仅当，不存在一个赋值满足 X 中的所有公式却不满足 A

以上定义对任意的公式集合 X 都是奏效的。特别是，当 X 是空集时同样奏效。我们把这种情况写作“$\models A$”。这意味着什么？根据定义，这意味着任何一个满足空集中所有公式的赋值同样满足 A。显然，要满足空集中的所有公式，不需做什么(毕竟，空集中并不存在任何公式使得一个赋值可以使其为假)。因此，“$\models A$”的定义如下：

$\models A$，当且仅当，所有的赋值都满足 A

所以，$\models A$，当且仅当，A 是重言式。这是“$\models$”这个符号的用法之一。另一种用法是：我们拿掉公式 A；此时，$X\models$ 成立，当且仅当，不存在一个赋值满足 X 中的所有公式却不满足……不满足什么呢？结论中根本没有不满足的东西①。因此，我们有了下面的定义：

$X\models$，当且仅当，不存在一个赋值满足 X 中所有公式

就是说，$X\models$，当且仅当，X 是不可满足的。

树方法背后的指导理念是下面这一结果：

$X\models A$，当且仅当，$X,\sim A\models$

如果从 X 到 A 的论证形式是有效的，那么，不存在赋值使得前提集 X 为真而结论 A 为假。因此，不存在一个赋值满足 X 中的所有公式并满足$\sim A$，就是说，$X,\sim A\models$。

① 译者注：这意味着从 X 中演推不出任何东西。

反过来讲，如果 $X, \sim A \models$，那么，不存在一个赋值使得前提集 X 为真而结论 A 为假，因此，该论证形式是有效的，即：$X \models A$。

## 树背后的理念

树方法的步骤大致如下。为了检测一个论证形式是否有效，首先将前提和结论的否定写成一列。接下来，考虑这列公式是否能被满足。如果它们不能同时被满足，论证形式就是有效的；如果它们能够被满足，论证形式就是无效的。因此，实际上，树方法检测的是可满足性。为了展示树方法，我们来看一个例子，检测论证形式：$p \supset q, r \vee \sim q / (p \vee q) \supset r$。为了说明该论证形式是无效的，我们写下一列被满足的公式：

$$\begin{array}{c} p \supset q \\ r \vee \sim q \\ \sim((p \vee q) \supset r) \end{array}$$

现在我们考虑怎样才能让这些公式都为真。最简单的结果是这样的：为了使得 $\sim((p \vee q) \supset r)$ 为真，需要 $p \vee q$ 为真，而 r 为假。一般而言，一个条件句 $A \supset B$ 为假，当且仅当，A 为真而 B 为假。故 $\sim(A \supset B)$ 为真，当且仅当，A 和 $\sim B$ 为真。考虑以上情况，我们可以将 $p \vee q$ 和 $\sim r$ 加入公式列中要求它们被满足。我们画一条竖线并加入新公式，完成对公式列的拓展：

$$\begin{array}{c} p \supset q \\ r \vee \sim q \\ \sim((p \vee q) \supset r) \quad \checkmark \\ | \\ p \vee q \\ \sim r \end{array}$$

我们给 $\sim((p \vee q) \supset r)$ 打个钩，说明该公式已经被处理过，我们已经考虑过它为真的所有条件。现在考虑析取式 $r \vee \sim q$。为了使得它为真，我们必须让 r 为真或者 $\sim q$ 为真。这提供的是两种可能性，我们将树进行分叉，对此进行标示：

$$\begin{array}{c} p \supset q \\ r \vee \sim q \quad \checkmark \\ \sim((p \vee q) \supset r) \quad \checkmark \\ | \\ p \vee q \\ \sim r \\ \diagup \quad \diagdown \\ r \qquad \sim q \\ \times \qquad\quad \end{array}$$

我们给 $r \vee \sim q$ 打个钩，表示该公式已经被处理过，无须再考虑它。现在这棵树有了两个分枝。左侧分枝从顶端到 $r$，右侧分枝从顶端到 $\sim q$。如果我们能够让两列公式中的一列得到满足，这个论证形式就是无效的。现在，我们发现有一列是不会得到满足的，因为它包含矛盾。左侧一枝包含 $r$ 和 $\sim r$，这两个公式不可能同时得到满足。基于此，我们称这个枝是封闭的，通过在这个枝的底端画一个叉来表示。

让我们继续完成这棵树，还需要处理 $p\supset q$ 和 $p\vee q$。为了使得 $p\supset q$ 为真，我们需要让 $p$ 为假（这意味着使 $\sim p$ 为真）或者 $q$ 为真。这会继续带来分叉。我们需要对每个开放的枝进行分叉处理。现在，唯一的开放的枝是右侧一枝：

```
           p⊃q  √
          r∨~q  √
      ~((p∨q)⊃r)  √
             |
            p∨q
            ~r
           /   \
          r     ~q
          ×    /   \
             ~p     q
                    ×
```

我们发现右侧的枝封闭，因为出现了一对矛盾公式，即 $q$ 和 $\sim q$。左侧的枝仍然是开放的。为了最后完成这棵树，我们需要处理析取式 $p\vee q$。这并不复杂。这棵树将继续分叉，$p$ 在左侧一枝，$q$ 在右侧一枝。

```
           p⊃q  √
          r∨~q  √
      ~((p∨q)⊃r)  √
             |
            p∨q  √
            ~r
           /   \
          r     ~q
          ×    /   \
             ~p     q
            /  \    ×
           p    q
           ×    ×
```

最后生成的两个新枝都是封闭的，因为 $p$ 和 $\sim p$ 出现在左侧一枝，$q$ 和 $\sim q$ 出现在右侧一枝。

以上结果显示，$p\supset q$，$r\vee\sim q$，和 $\sim((p\vee q)\supset r)$ 不可能同时被满足。因此，论证形式 $p\supset q, r\vee\sim q/(p\vee q)\supset r$ 是有效的。

针对一个论证形式，它的一棵完成的树展示了我们判定其有效与否的推论过程。树比真值表更“聪明”，因为它不会用“笨拙”的技巧列出所有不同可能性，而是考察前提和结论在每种可能情况下的真假情况。树比配值法富含更多信息，因为一棵完成的树是对我们所做推论的一个记录。一棵完成的树就是一个证明。

在严格规定树的操作规则之前，让我们再来看另一个例子。为了检验一个公式是否是重言式，我们需要考察它的否定是否可以被满足。我们想要展示这个否定公式不可能为真。现在来检验公式$((p\supset q)\&q)\supset p$：

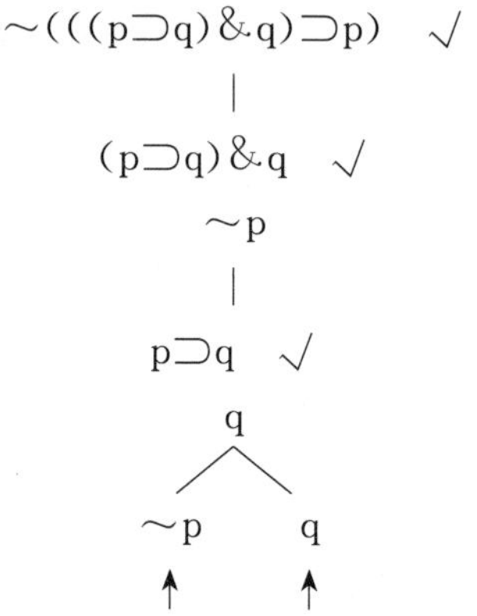

$$\sim(((p\supset q)\&q)\supset p)\quad\checkmark$$
|
$$(p\supset q)\&q\quad\checkmark$$
$$\sim p$$
|
$$p\supset q\quad\checkmark$$
$$q$$
／＼
$$\sim p\qquad q$$
↑　　↑

这棵树开始于一个否定公式，即$\sim(((p\supset q)\&q)\supset p)$，该公式处于顶部。为了使它为真，我们要求前件$(p\supset q)\&q$为真而后件$p$为假。于是，我们添加$(p\supset q)\&q$和$\sim p$。然后，我们处理合取式$(p\supset q)\&q$，直接令两个合取支都是真的。于是，再添加$p\supset q$和$q$到树上。最终，我们处理条件句$p\supset q$，为此，我们要让$\sim p$为真（左侧的枝）或者$q$为真（右侧的枝）。两条枝都是开放的，我们在相应枝的底端画一个垂直的箭头进行标示。

两条枝都被称作是完成的，也都是开放的。两条枝标示的是两种满足$\sim(((p\supset q)\&q)\supset p)$的方法。选择其中一条枝（这里选择左侧一枝），读出到底有多少原子公式直接出现在该枝上。这些原子公式在对应的可能情况下必须是真的。在左侧一枝中，原子公式是$q$。相对应，$p$并没有直接出现在该枝中（假若直接出现的话，将与$\sim p$一起导致封闭）。所以，在我们的赋值下，让$q$是真的。因为$\sim p$出现在该枝上，我们让$p$为假。这些是该枝上的所有原子公式，因此，该枝给出了这样一个赋值：

$$p=0,q=1$$

可见，该赋值并不满足$((p\supset q)\&q)\supset p$。因此，该公式不是一个重言式。

## 树的生成规则

树的生成规则包括不同类型公式的消解规则，以及生成枝和封闭枝的规则。让我们先来考察消解规则。

1）双重否定

为了消解一个形如$\sim\sim A$的公式，在该公式出现的每个开放的枝上写$A$并进行延展。我们将该规则记作：

2）合取

为了消解一个形如 A&B 的公式，在该公式出现的每个开放的枝上写 A 和 B，进行延展。我们将该规则记作：

3）否定合取

为了消解一个形如～(A&B)的公式，在该公式出现的每个开放的枝上分出两个枝，一个上面写～A，一个上面写～B。我们将该规则记作：

～(A&B)

～A　　～B

4）析取

为了消解形如 A∨B 的公式，在该公式出现的每个开放的枝上分出两个枝，一个上面写 A，一个上面写 B。我们将该规则记作：

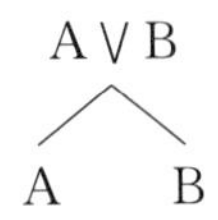


5）否定析取

为了消解形如～(A∨B)的公式，在该公式出现的每个开放的枝上写～A 和～B，进行延展。我们将该规则记作：

6）条件句

为了消解形如 A⊃B 的公式，在该公式出现的每个开放的枝上分出两个枝，一个上面写～A，一个上面写 B。我们将该规则记作：

A⊃B

～A　　B

7）否定条件句

为了消解形如～(A⊃B)的公式，在该公式出现的每个开放的枝上写 A 和～B，进行延展。我们将该规则记作：

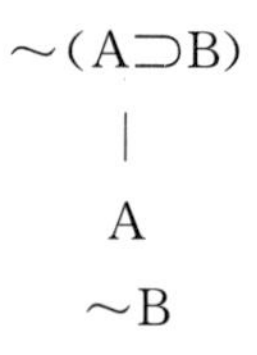

8）双向条件句

为了消解形如 A≡B 的公式，在该公式出现的每个开放的枝上分出两个新枝，一个上面写 A 和 B，一个上面写～A 和～B。我们将该规则记作：

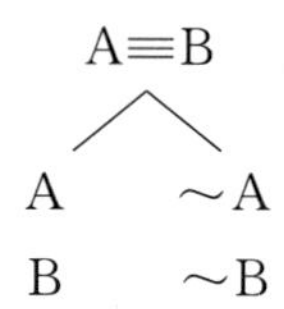

9）否定双向条件句

为了消解形如～(A≡B)的公式，在该公式出现的每个开放的枝上分出两个新枝，一个上面写 A 和～B，一个上面写～A 和 B。我们将该规则记作：

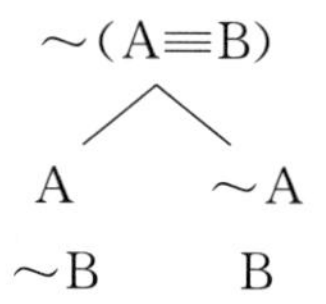

根据每个联结词的真值表定义，前面展示的每个规则都是成立的。如果被消解的公式是真的，那么，至少下面有一种可能性也会是真的。这将帮助我们记住这些规则。

10）封闭

如果一个枝上出现一个公式(不必是原子公式)和它的否定，那么，这个枝就是封闭的。如果一个枝不是封闭的，就称它为开放的。

11）部分展开的树

一组公式 X 的一棵部分展开的树，是开始于这组公式(它们处于树的顶端)的，并且其中有的公式已经根据规则得以消解。因此，X 的部分展开的树上的公式，是 X 中的成员，或者是根据消解规则对前面的公式进行消解所得的结果。

12）完成的树

一组公式 X 的一个完成的树，是一个在其每个开放的枝上的所有公式都已经被消解的部分而展开的树(请注意，我们并不要求封闭的枝上的所有公式都被消解。如果一个枝是封闭的，我们无须费心去消解那些仅仅出现在这个枝上的所有公式，因为这个枝是不会被满足的)。

13）新的记号

我们用“X ⊢”表示 X 的一棵完成的树是封闭的，用“X ⊬”表示 X 的一棵完成的树是开放的。我们把“X ⊢ A”用作“X，～A ⊢”的缩写，表明一棵用于表示从 X 到 A 的论证的树是封闭的。(或许读者已经注意到这一定义可能面临的问题：X ⊢ 指的是“X 的一棵完成的树是封闭的”，而 X ⊬ 的意思是“X 的一棵完成的树并不封闭”。那么，如果有的完成的树封闭而有的开放，怎么办呢？前面提到的树的生成规则允许我们自由选择消解次序。或许，有的顺序会带来封闭的树，而其他的顺序可能会带来开放的树？然而，我们是幸运的，这个定义也是“幸运”的，因为这种情况永远不会发生！消解公式的顺序并不会带来封闭或开放的差别。实际上，在之后内容中，我们会展示：如果 X 的一棵树是封闭的，那么，所有的树都是封闭的。反过来也是成立的，即如果 X 的一棵完成的树是开放的，那么所有的树都是开放的。因此，这样的定义并不会带来问题。）

对命题逻辑而言，树方法是一种好的技术，当且仅当，$\models$ 和 $\vdash$ 是吻合的。我们会证明这是成立的。在此之前，让我们多画几棵树，了解如何能够快速而高效地生成树。

先看两棵树，它们展示的都是 $\sim p\supset(q\vee(r\supset s)), \sim(s\vee q)\vdash r\supset p$。两棵树信息见下面分解的公式。左侧的一棵树（先分叉），我们是按照公式的顺序进行消解。右侧的一棵树（后分叉），我们是先用纵列规则而后用分叉规则。可以看到，两棵树的深度[1]是一样的。但是，后分叉的树上总计出现的公式更少（前者是 17 个，后者是 13 个）。

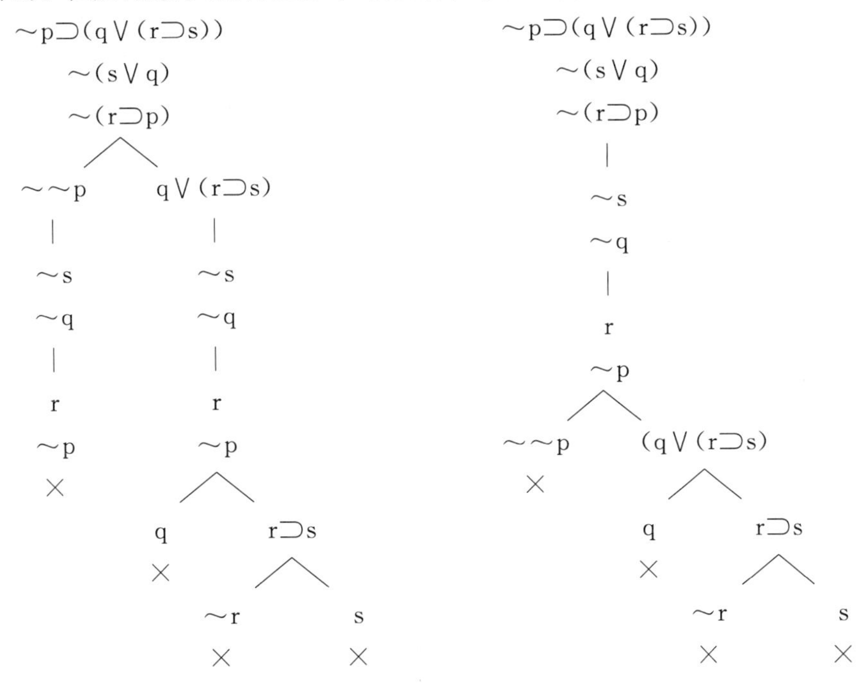

这个例子带来的启发很明显：如果你不想一棵树完成时拥有太多公式的话，尽量晚些使用分叉规则。我们将导致分叉的规则称为“分叉规则”，将其他的规则称为“纵列规则”。我们得到的启发是：

先使用纵列规则，后使用分叉规则。

当然这条启发仅仅是一种建议而已，并不是需要严格执行的规则。这个规则仅仅

[1] 译者注：实际上树方法中的树都是倒立的，因此，此处两棵树的深度指倒立的两棵树的高度。

是节省了时间和空间。假如先使用分叉规则后使用纵列规则，并不会得到不同的答案，往往是用更加迂回的方式得到同样的答案而已。

通过这两棵树，我们还能得到另外一个启发：

如果一个枝已经封闭，就不必将该枝上的所有公式都进行消解。

在两棵树的最左侧的枝上，我们都没有对$\sim\sim p$进行消解。我们没有消解它，而是用它与$\sim p$一起来封闭该枝。假若对所有公式进行消解，那么该枝结束的时间要更晚。

如果你认为使用一个规则会使树封闭，那就使用该规则。

这条建议有时可能会与第一条建议[①]相冲突。你可能会发现，如果你使用分叉规则，就会导致封闭（或许是两个枝的封闭），而这可能进一步导致整棵树的封闭。在这种情况下，显然先使用分叉规则而后使用纵列规则更加明智。

为了更好地理解这两条建议，我们再考察一个论证形式：$(p \vee q) \equiv (r \& s)$，$q \equiv (r \supset p) / r \supset (p \vee q)$。该论证形式的一棵树展示如下：

```
                (p∨q)≡(r&s)
                  q≡(r⊃p)
                ~(r⊃(p∨q))
                      |
                      r
                   ~(p∨q)
                      |
                     ~p
                     ~q
                    /  \
             p∨q          ~(p∨q)
             r&s          ~(r&s)
             /  \            |
            p    q          ~p
            ×    ×          ~q
                           /  \
                         ~r    ~s
                         ×    /  \
                             q    ~q
                            r⊃p  ~(r⊃p)
                             ×     |
                                   r
                                  ~p
                                   ↑
```

① 译者注：即前文提到的纵列优先规则。

这棵树是先纵列延展，直到我们处理(p∨q)≡(r&s)。然后，左侧的枝包含 p∨q 和 r&s。根据第一条建议，我们接下来要处理 r&s，但是，我们执行的是第二条建议，处理 p∨q，进行分叉，因为每个分枝马上都会带来封闭。树的其他的部分也进行类似处理。最右侧的分枝是开放的，进而我们获得了一个赋值，其中前提为真而结论为假。根据开放的枝的信息，我们可读出如下赋值：

$$p=0, q=0, r=1, s=0$$

你们可以验证一下，这个赋值的确使前提为真而结论为假(每当你完成一棵树，用此方法进行验证是非常有用的。如果你使用消解规则时犯错了，可能会发现用来验证的赋值是错误的)。

再看最后一棵树：

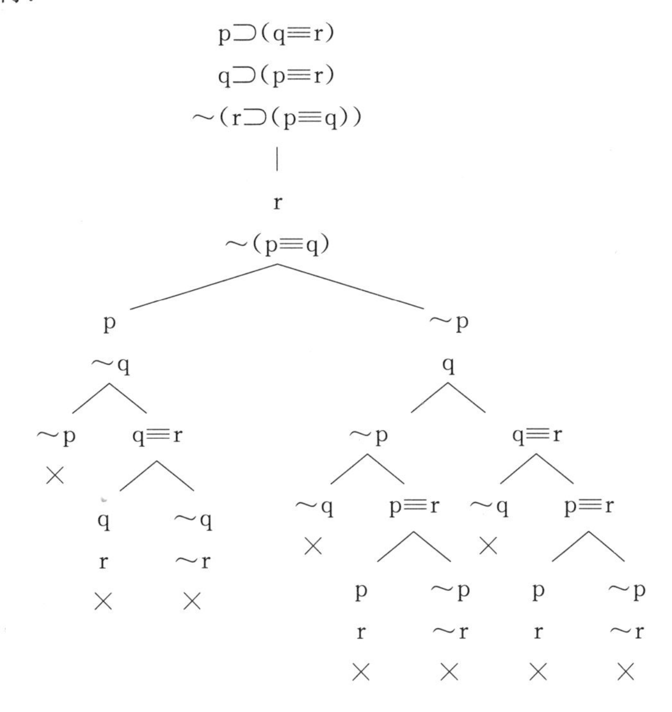


这棵树表明，纵使我们遵从前面的两条建议，还是会有许多的分叉。这里，唯一能够应用纵列规则的是否定条件句～(r⊃(p≡q))。其他的所有规则都会导致分叉，而为了完成一棵树，所有的规则都必须被执行。最后形成的树是非常巨大的。它拥有 9 个不同的枝，而该论证形式的真值表也有 8 行！然而，这棵树并不比相应的真值表更复杂。该论证形式的真值表有 8 行，有 8×15=120 个格子，我们必须计算出 8×6=48 个格子的值，因为其中出现了 6 次联结词。相对应，这棵树仅仅包含 29 个公式，我们也仅仅使用了 8 次消解规则和 9 次封闭判定，就完成了这棵树。这棵树占本页的空间不小，但是，生成这棵树可能出错的概率却比画真值表要小得多。使用树方法我们只运用了 8 次规则，而在真值表中将会出现 120 个 0 或 1 需要我们判定。

这些例子应该足以帮助我们如何正确运用树的生成规则，如何高效地使用这些规则。在本章的末尾，将有大量的习题用来练习使用这些规则。但在做这些练习之前，我们需要证明,树方法和真值表方法为什么可以获得相同的结果。

## 为何树方法可行

接下来我们将展示$\vDash$与$\vdash$达成的效果是一样的。也就是说,我们将展示:第一,如果 X $\vdash$ A(就是说,如果 X,～A 的一棵树是封闭的),那么,X$\vDash$A(就是说,满足 X 中的公式的赋值都满足 A);第二,如果 X$\vDash$A,那么,X $\vdash$ A。因为 X $\vdash$ A 与 X,～A $\vdash$是一回事,而 X$\vDash$A 与 X,～A$\vDash$也是一回事,所以,一般地,我们可以先考虑可满足性与树的开放性。接下来我们将证明下面两个重要的事实:

1) 事实 1

如果 X 是可满足的,那么,在 X 的任意一个完全展开的树上,都有一个枝是开放的。就是说,如果 X $\nvDash$,那么 X $\nvdash$。

2) 事实 2

如果 X 的某个完全展开的树上有一个枝是开放的,那么,X 是可满足的。就是说,如果 X $\nvdash$,那么 X $\nvDash$。

这两个事实合起来带来一个理想的结果,即我们选择使用树的生成规则的顺序不会影响树的封闭与否,选择顺序是无关的。根据事实 2,如果 X 的一棵树是开放的,那么,X 是可满足的。再根据事实 1,那么 X 的所有树都是开放的。下面,我们来具体证明这两个事实。

关于事实 1 的证明:

如果 X 是可满足的,那么,存在一个赋值使得 X 中的每个公式都是真的。我们不妨将这个赋值称作 I。对于任何一个由出现在 X 中的公式中的原子公式构成的公式 A,我们用"I(A)"表示 I 分配给 A 的真值。因为 X 是被满足的,如果 A 是 X 中的一个公式,那么 I(A)=1。如果 A 是 X 中的某个公式的否定,那么 I(A)=0。其他的公式则或被赋 1,或被赋 0。关于赋值的一个重要事实是,对任何的公式 A 而言,I(A)=1 和 I(～A)=1 是不会同时成立的。如果 I(A)=1,那么,I 分配给～A 的值是假,即 I(～A)=0。相反,如果 I 分配给～A 的值是真(即 I(～A)=1),那么,I(A)必须是 0。

根据我们展示的示例可知,X 的一棵完成的树上,会有一个枝,它上面的每个公式都被赋值 I 所满足。

因此,这个枝一定会是开放的,因为它不能包含一对矛盾公式 A 和～A,否则,I 就不会同时满足该枝上的所有公式。所以,如果我们能发现这样的一个枝,便得到了我们想要的结果:该树包含一个开放的枝。

找到这样的一个枝非常容易。树开始于 X 包含的公式,这些公式位于树的顶部。根据我们的假设,这些公式被 I 满足。对于任何一个树的生成规则,如果被消解的公式被 I 满足,那么,应用规则后至少生成一个这样的枝,它上面的公式都被 I 满足。我们分别考虑树的生成规则。

如果我们消解的是双否,～～A,那么,我们有 I(～～A)=1。根据规则,要将 A

添加到枝上，进而并不难判断，I(A)＝1 也是成立的。

如果消解的是 A&B，有 I(A&B)＝1。我们要在枝上添加 A 和 B，但是，显然 I(A)＝1 并且 I(B)＝1，就是说，这些公式也是被满足的。如果消解的是否定合取，～(A&B)，我们有 I(～(A&B))＝1，因此，I(A&B)＝0。使用消解规则后，会产生两个枝，一个上面有～A，另一个上面有～B。既然 I(A&B)＝0，我们知道 I(A)＝0 或者 I(B)＝0(为了使得一个合取为假，我们必须让至少一个合取支为假)。因此，我们必须或者让 I(～A)＝1 或者让 I(～B)＝1。因此，～A 和～B 中至少有一个会被 I 满足。选择这个被 I 满足的枝继续消解。

其他联结词对应的规则，情况类似。如果消解的是析取式，A∨B，那么，我们有 I(A∨B)＝1。使用消解规则后，会生成两个枝，一个上面有 A，另一个上面有 B。既然 I(A∨B)＝1，一定有 I(A)＝1 或者 I(B)＝1。就是说，A 和 B 中至少有一个会被 I 满足。选择这个被 I 满足的枝继续消解。如果消解的是否定析取，～(A∨B)，有 I(A∨B)＝0。我们要在枝上添加～A 和～B。既然我们必须让 I(A)＝0 并且 I(B)＝0，就必须让 I(～A)＝1 并且 I(～B)＝1，最终这些公式也被满足了。

如果消解的是一个条件式，A⊃B，我们有 I(A⊃B)＝1。使用消解规则后，会生成两个枝，一个上面有～A，另一个上面有 B。既然 I(A⊃B)＝1，我们必须让 I(A)＝0 或者 I(B)＝1，因此，～A 和 B 中至少会有一个被 I 满足。选择这个被 I 满足的枝继续消解。如果消解的是条件句的否定，～(A⊃B)，我们有 I(A⊃B)＝0。使用消解规则后，我们要在枝上添加 A 和～B。既然 I(A)＝1 并且 I(～B)＝1，这些公式也是被满足的。

如果消解的是双向条件式，A≡B，我们有 I(A≡B)＝1。应用消解规则后，会生成两个枝，一个置于左侧，上面有 A 和 B，另一个置于右侧，上面有～A 和～B。既然 I(A≡B)＝1，A 和 B 必须被 I 赋相同的值。如果赋值为 1，那么，选择左侧一枝；如果赋值为 0，就选择右侧一枝。如果被消解的是双向条件式的否定，～(A≡B)，我们有 I(A≡B)＝0，A 和 B 一定会被 I 赋不同的值。使用消解规则后，会生成两个枝，一个上面有 A 和～B，一个上面有～A 和 B。两组公式中一定会有一组被满足。

这样，我们完成了所有展示。无论一棵树怎样生成，我们总是能够找出一个被赋值 I 满足的枝。这样一个枝一定不会封闭，而是会保持开放。由此，我们便证明了事实 1。

实际上我们不只证明了事实 1。我们也展示了，任何一个满足 X 的赋值都能在 X 的任何一棵树中被找到，即：任给一个满足 X 的赋值，在 X 的树上总能找到一个枝，该枝上的每个公式都被该赋值满足。因此，在某种意义上，树包含了真值表所含有的所有信息。通过画树，我们找到的是一个公式被满足的所有赋值，而不仅仅是一些赋值(当然，有的枝可能会被多个赋值满足。比如，考虑 p∨q 的一棵树。它会具有两个枝，一个上面有 p，另一个上面有 q。对 p 和 q 的三种不同的赋值都会满足这个析取公式，但是，只有两个开放的枝！这是因为，包含 p 的枝被 p＝1 而 q＝0 这样一个赋值满足，也被 p＝1 而 q＝1 这样一个赋值满足。另一个枝被 p＝0 而 q＝1 这个赋值满足，也被

p=1 而 q=1 这个赋值满足。这三个赋值通过两个开放的枝得以表征)。

现在让我们来考虑事实 2。如果 X 的一棵树是开放的,我们能构造一个赋值满足 X 中的所有公式。

关于事实 2 的证明:

我们会发现,去证明一个比事实 2 更强的结论是很容易的。我们将证明,如果 X 的一棵完成的树上有一个开放的枝,那么,存在一个赋值满足该枝上的所有公式。这当然能证明我们要的结果,因为 X 中的公式位于树的顶部,它们出现在每个枝上。

就让我们选取这个开放的枝,这里,不妨将这个枝称为 O。用如下的方式为原子公式分配真值,构造一个赋值:如果 p 出现在 O 上,那么,I(p)=1,如果～p 出现在 O 上,I(p)=0(这个定义的确能保证存在一个赋值,因为这个枝不是封闭的:在这个枝上,不会出现 p 和～p,因此,我们能够一致地进行赋值)。

我们会发现,对于任何公式 A,如果 A 出现在 O 上,那么,I(A)=1,如果～A 出现在 O 上,那么,I(A)=0。借此,我们便能证明上面定义的 I 的确能够满足我们所需。

下面我们将使用的证明方法常被称作归纳证明。这种方法利用的是这样一个事实,即每个公式都是(通过联结词)由原子公式构造而成。基于这个事实,如果我们要证明每个公式都具有一个特征,需要证明两点。第一,原子公式具有该特征;第二,如果一组公式具有该特征,则那么通过这些公式构造的复杂公式也具有该特征。如果我们能证明这两点,那么每个公式都将具有该特征。先举例简单说明该方法。我们能够确定无疑地证明,每个公式有多少个左括号就有多少个右括号(通过规则,我们就可以知道这是成立的,但是,写出完整的证明过程将给我们提供一个合格的归纳证明的例子)。我们可以将要证明的结论称作假说。假说对原子公式而言是适用的,因为原子公式没有左括号也没有右括号。这便证明了需要证明的第一部分,我们也可以将之称为归纳始基。对于要证明的第二部分,我们将展示,如果该假说对一组公式适用,那么它对每个通过这些公式构造而成的公式都适用。我们可以通过否定或者通过二元联结词 &、∨、⊃、≡构造公式。对于否定的情况,无论 A 是什么公式,它的否定～A 都和 A 具有相同的左括号数,也具有相同的右括号数。因此,如果 A 具有的左右括号数是一样的,那么,～A 也具有相同的左右括号数。对于联结两个公式的情况,比如(A&B),如果 A 具有 $n$ 个左括号和 $n$ 个右括号,B 具有 $m$ 个左括号 $m$ 个右括号,那么,它们的合取(A&B)具有 $1+n+m$ 个左括号,$n+m+1$ 个右括号。因此,合取式(析取式、条件式、双向条件式)具有相同的左右括号数。证明完毕(假说对原子公式适用,对通过原子公式和联结词构造而成的公式也适用,对于由这些公式构造而成的新公式也是适用的,如此等等,对无穷多个公式来说都是适用的)。

现在继续我们的证明。证明的假说是关于开放的枝 O 上的任意公式 A:如果 A 出现在 O 上,那么 I(A)=1,如果～A 出现在 O 上,那么 I(A)=0。为了证明这个一般性的假说,我们先说明它对原子公式适用,然后再证明,如果它对一组公式适用,那么对由这组公式构造的公式也适用。这样,便能证明它适用于所有的公式。该假说的确适用于原子公式,这正是我们对赋值 I 的定义。如果 p 出现在 O 上,那么 I(p)=1。

如果～p 出现在 O 上，那么 I(p)＝0。

若公式是合取，那么，如果 A&B 出现在 O 上，使用消解规则后，A 和 B 都出现在 O 上。因此，I(A)＝1 且 I(B)＝1。最终 I(A&B)＝1。如果～(A&B)出现在 O 上，那么，或者～A 或者～B 出现在 O 上，因此，或者 I(A)＝0，或者 I(B)＝0。无论在哪种情况下，I(A&B)＝0。这正是我们所需的结论。

若公式是析取，那么，如果 A∨B 出现在 O 上，使用消解规则后，或者 A 出现在 O 上，或者 B 出现在 O 上。因此，I(A)＝1 或者 I(B)＝1。在任何一种情况下，I(A∨B)＝1 都成立。如果～(A∨B)出现在 O 上，～A 和～B 都会在 O 上，因此，I(A)＝0 且 I(B)＝0。最终，I(A∨B)＝0。这正是我们所需的。

若公式是条件式，那么，如果 A⊃B 出现在 O 上，使用消解规则后要么～A 出现在 O 上，要么 B 出现在 O 上。因此，I(A)＝0，或者 I(B)＝1。无论哪种情况下，I(A⊃B)＝1 都成立。如果～(A⊃B)出现在 O 上，那么 A 和～B 都会出现在 O 上，因此，I(A)＝1 且 I(B)＝0。最终，I(A⊃B)＝0。这正是我们所需的。

若公式是双向条件式，那么，如果 A≡B 出现在 O 上，使用消解规则后，A 和 B 出现在 O 上，或者～A 和～B 出现在 O 上。在任何一种情况下，I(A)＝I(B)，因此，I(A≡B)＝1。如果～(A≡B)出现在 O 上，那么，或者 A 和～B 出现在 O 上，或者～A 和 B 出现在 O 上，也就是说 I(A)和 I(B)的值不同。因此，I(A≡B)＝0。这正是我们所需的。

最后一种需要考虑的公式是双否。如果～～A 在 O 上，那么，A 也在 O 上。因此，I(A)＝1，也就是说，I(～A)＝0，所以，I(～～A)＝1。① 这正是我们所需的。

这样，我们便考虑了出现在 O 上的所有类型的公式。该枝上的每个公式都被 I 满足。因此，位于该枝顶部的公式集合 X 也是被满足的。这样，我们便证明了事实 2。

这两个事实常被称作树方法的可靠性和完全性。树方法对逻辑而言是可靠的，因为树方法不会证明根据真值表无效的论证形式。所以，树方法不会出错(如果 X⊢A，那么，X⊨A)。树方法也是完全的，因为根据真值表有效的论证，用树方法就能够证明。

## 小结

- X⊨A，当且仅当，X，～A⊨。从 X 到 A 的论证形式是有效的，当且仅当，X 和～A 不能同时被满足。
- 树方法测试的是可满足性。一组公式的一棵树展示的是这组公式能否同时为真。
- 如果 X 的一棵树封闭，记作“X⊢”。如果 X 的一棵树开放，记作“X⊬”。

---

① 译者注：这里的证明，作者有所疏忽。需要证明的是，若考虑的公式是否定公式，即形如～A，那么，假说适用。如果～A 出现在 O 上，那么，I(～A)＝1；如果～A 的否定～～A 出现在 O 上，那么，I(～A)＝0。作者这里只证明了后半部分。前半部分补充证明如下：如果～A 出现在 O 上，那么 I(A)＝0，所以 I(～A)＝1。

- 我们用“X ⊢ A”作为“X,～A ⊢”的缩写。针对从 X 到 A 的论证形式,以 X 与～A 为树根画一棵树,该论证形式是有效的,当且仅当,这棵树是封闭的。
- 我们可以按照任何顺序使用消解规则,所得结果都是一样的。不过,为了让所得的树更小一些,推迟使用分叉规则常常是一个有用的策略。
- 树方法是可靠的。如果 X ⊢ A,那么,X⊨A。就是说,如果树方法显示一个论证形式是有效的,那么根据真值表也是有效的。
- 树方法是完全的。如果 X⊨A,那么,X ⊢ A。就是说,如果一个论证形式根据真值表是有效的,那么,根据树方法也会是有效的。

## 进阶读物

科林·豪森写的《树的逻辑》[12]是一本以树方法为核心主题的优秀教材。另一本有用的教材是大卫·博斯托克写的《中阶逻辑》[2]。如果你想更好地理解树方法,请参考豪森的书。如果你想更深入地研究树方法,并想与形式逻辑中的其他技巧进行比较,那么请参考博斯托克的教材。

斯穆里安的《一阶逻辑》[29]是有关树方法的一部杰作,富含诸多真知灼见,值得仔细研读。

## 习题

### 基础习题

**4.1** 请用树方法检测第 3 章习题中出现的论证形式。树方法具有怎样的优势,又具有怎样的劣势?在什么情况下树方法能快速判定?在什么情况下树方法会比真值表方法或配值法耗时更长?

**4.2** 请给出不相容析取所对应的生成规则(不相容析取的规则是怎样的?不相容析取的否定的规则又会是怎样的?)。

**4.3** 请给出“谢弗竖”对应的生成规则(参考习题 3.13)。

### 高阶习题

**4.4** 针对不相容析取和“谢弗竖”的规则,证明其对应的可靠性和完全性结果。

**4.5** 请构造一个以“谢弗竖”为唯一联结词的语言所对应的新的树系统。这要求在技术层面做出很大的改变,因为我们将不再具有否定联结词,因此不用再分别考虑联结词对应的两种情况。每个公式或者是原子公式,或者是形如 A|B 的公式。此外,形如 A|B 的公式对应的消解规则会是怎样的?什么情况下的一个枝会是封闭的呢?

**4.6** 我们将一棵树上出现的公式的数量称作该树的大小,将一个真值表中包含真值的个数称作该真值表的大小。请说明，存在着这样的公式，用以说明它是重言式的任何一棵树的大小都要比它的真值表要大。

**4.7**　请写一个计算机程序，用来帮助我们画出论证形式的树。要努力保证它的运行效率——这个程序能做出来一颗简单的树。

的确，历史不过是罪恶与不幸构成的一棵树。

——伏尔泰(Voltaire)

# 第 5 章

# 含混性与二值原则

前面所展示的逻辑后承理论是强有力的，是有用的。它因简单而“优雅”，因其效力和应用广度而普遍适用。但是，在对该理论进行解释和运用的过程中，也会带来一些重要的难题。这一章，我们将考虑一组难题。这组难题的根源在于一个假设，即每个命题要被分配“真”和“假”两个值中的一个。这就是二值原则（“二值”的意思就是“具有两个值”）。第一个难题产生的根源在于我们所用语言固有的含混性。

## 含混性难题

考虑这样一个布条，颜色均匀分布，最左边是深红，最右边是柠檬黄。这个布条被分成 10000 份，或者分成足够多份，使得相邻的两份之间看起来是不可区分的。让 $r_1$ 表示命题“看上去第 1 份是红色的”，第一份指最左边的那份。$r_2$ 表示“看上去第 2 份是红色的”，以此类推，直到 $r_{10000}$。

因为相邻的两份之间在颜色上不可区分，所以，$r_1 \supset r_2$ 是真的；$r_2 \supset r_3$，……，$r_{500} \supset r_{501}$，直到 $r_{9999} \supset r_{10000}$ 也都是真的。可能第 5000 份看起来已经不是红的。如果这个布条是从红色到黄色均匀分布的话，它应该是某种橙色。然而，第 5000 份和第 5001 份仍然看起来是不可区分的，因此，我们还是会同意这个结论：如果第 5000 份是红色的，那么第 5001 份也是红色的。因此，$r_{5000} \supset r_{5001}$ 还是真的。其他的条件句 $r_i \supset r_{i+1}$ 也都是真的。因为最左端的一份是红色的，所以，$r_1$ 是真的。下面论证中的所有前提都是真的：

$$r_1, r_1 \supset r_2, r_2 \supset r_3, \cdots\cdots, r_{9999} \supset r_{10000}, \text{因此}, r_{10000}$$

这个论证是有效的。因此结论是，这个布条柠檬黄一端的那一份看起来也是红色的。

关于布条例子的说明就到这里。现在考虑一堆沙子。从这堆沙子上取走单独的一粒，剩下的将还是一个沙堆，因为移走一粒沙子并不足以使得一个沙堆变成不是沙堆。因此，如果 10000 粒沙子构成一个沙堆（将该陈述称作 $h_{10000}$），那么，9999 粒沙子也还构成沙堆。因此，$h_{10000} \supset h_{9999}$ 是成立的。类似地，$h_{9999} \supset h_{9998}$ 也是成立的。如此等等。既然 10000 粒沙子的确构成一个沙堆，通过下面论证，一粒单独的沙子也应当构成一个沙堆。即：

$$h_{10000}, h_{10000} \supset h_{9999}, h_{9999} \supset h_{9998}, \cdots\cdots, h_2 \supset h_1, \text{因此}, h_1$$

类似的推理能够用来证明，无论一个人的头发有多么的少，那都不会使他成为秃顶(毕竟,拔掉一根头发不会使得一个人从不是秃顶而成为秃顶)①;小鸡永远都会是小鸡(一只小鸡的前一个状态一定也是一只小鸡);你永远是一个孩子(然而并不存在这样的一天,因为这天前后你完成了从是孩子到不是孩子的过渡)。这样的论证被称作累积论证(sorites arguments)②,这些论证带来的难题被称作累积悖论——因为我们似乎持有一个有效论证,然而,前提显然为真,但结论显然为假。

我们到底应该如何处理累积论证呢?出于如下的理由,它们的确带来真正的难题:

(1)论证的前提看起来是真的。

(2)论证本身看起来是有效的。

(3)结论却看起来是假的。

至此,或许你已经嗅出了些许微妙气息。这里,毕竟我们是在用逻辑处理模糊概念。看起来,在红和黄之间,在堆和非堆之间,在秃顶和多发之间,在小鸡和不是小鸡之间,在孩子与成人之间,并不存在严格的分界线。但是,我们所使用的真值表却假设存在这样的严格分界线。任何真值分配都预设一个命题为真或者为假。这导致将逻辑应用到模糊概念时似乎会产生冲突。

## 候选方案

针对累积悖论,我们如何作答?看起来,可以有多种不同的回应方式[这个分类归功于约翰·思兰尼(John Slaney)③]。

(1) 否认设置这个难题的合法性。就是说,认为逻辑不能应用于含混概念。

(2) 承认逻辑应用到模糊概念是合法的,但认为所涉论证不是有效的。

(3) 承认逻辑能够应用到某些情况下并且所涉论证是有效的,但是否认前提都成立。

(4) 承认所涉论证,也承认前提,因此也接受结论。

这看起来穷举了所有选项。对累积悖论的任何解答都逃不出这四条基本路线。四条路线都面临各自的难题,因此,累积悖论才是难解的,这对我们恰当理解逻辑极为重要。在本章的余下部分,我们将分别考察每一种解答路线。

选项(1)在哲学圈内颇有传统,可追溯到二十世纪初哲学家们的工作,例如弗雷格(Frege)和罗素(Russell)。然而,坚持这个选项是艰难的,因为非含混语词的数量实在太少了,或许仅仅局限于(部分)数学中。如果持有选项(1),那么逻辑的适用范围将

---

① 译者注:有学者将类似悖论称为"秃头悖论",但这并不妥当。"秃头"的日常意思就是"光头",而光头就是指一根头发都没有。既然"秃头"并不是一个含混概念,也就不存在什么"秃头悖论"。这里将"bald"翻译为"秃顶"。一个人的头发少到一定程度会变成秃顶,但很难找出一个严格的界限。若读者认为"秃头"并不意味着一根头发都没有,少量头发也可以视作秃头,那么,翻译为"秃头"亦可。值得说明的是,汉语中难以找到一个有足够概括性的词来表达各种秃,这里勉强译作"秃顶",而不考虑诸如"斑秃"等情况。当然,"斑秃"也是含混词。

② "sorites"一词来自希腊语 soros,意思是"堆",发音是[səʊraɪtiːz]。

③ 参阅参考文献中的[27]。

是极其有限的。

或许我们的确会倾向于认为，逻辑仅仅能够用来处理清晰概念。但是，这带来的结果是，在使用含混概念进行的言谈中并没有任何推理。这是一个非常极端的观点。如果我们连关于颜色、形状、尺寸、秃顶、堆、分类词项以及其他的含混概念都不能进行推理，那么我们能够做的推理就极其有限了。显然，一定存在一个用来评估推理的标准，纵使是牵涉到含混概念也应依据这个标准。我们必须有依据证明累积论证不是可靠的，否则，我们就要拒绝使用含混语词了。

选项(4)面临的局面类似。如果一个人认为看起来黄色的东西看起来也是红色的，一粒沙子也构成沙堆，头发茂盛的人也是秃顶，那么，他已经放弃了含混语词的常规使用方式。坚持这个立场也是艰难的。这似乎可以推出一切都是真的。

选项(2)和选项(3)更加主流。关于含混性问题，这两个选项观点占据优势地位。

选项(2)是有道理的。累积论证看起来是非常可疑的，这让人倾向于认为累积论证是无效的，存在前提为真而结论为假的情况。为了给出模型论证，必须拒绝用二值真值表定义逻辑后承关系，而引入更丰富的模型，给出前提为真而结论为假的赋值。

为了达成此目的，一个常见的路径是模糊逻辑。根据模糊逻辑，真值不仅仅是 0 和 1，而且还可以是 0 和 1 之间的任何数。命题为真的程度可以不同。真值不是非黑即白，命题可以很真(比如，接近 0.7)、中间真(靠近 0.5)、不怎么真(接近 0.2)、真正的真(1)和真正的假(0)，以及 1 和 0 之间的所有其他的中间值。

逻辑联结词依然是真值操作，但是相对而言会更加复杂，因为会牵涉到更多的值。(根据经典的模糊逻辑)否定命题$\sim A$ 的值是 1 减去 A 的值所得的差。合取公式 $A\&B$ 的值是 A 和 B 的值中较小的一个。根据经典的模糊逻辑理论规定，$A\supset B$ 为假的程度是 B 比 A 更假的程度。因此，如果 B 比 A 更真，那么 $A\supset B$ 将是真的。如果 A 的值是 0.5 而 B 的值是 0.3，那么，$A\supset B$ 的值是 $1-0.2=0.8$，因为与前件相比，后件少了 0.2。

累积悖论所涉论证形式仅仅是肯定前件式(从 p 和 $p\supset q$ 推论出 q)的拓展版，该论证形式其他有效论证形式一样是经过验证的。因此，要走这条路线一定要谨慎，不能为了倒掉累积悖论的“洗澡水”，却不小心把里面的“逻辑孩子”一起倒掉了。

模糊逻辑的路径会是这样的：$r_1$ 的确是真的(取值为 1)，而 $r_{10000}$ 也的确是假的(取值为 0)。每个条件句 $r_i\supset r_{i+1}$ 取的值与 1 极其接近，因为随着数字从 1 到 10000 的变大，$r_i$ 取的值逐渐下降，一个条件句的值反映前件到后件真值降低多少。因此，前提或者完全为真，或者极其接近真，但是结论却是完全为假。因此，累积论证是无效的，因为前提的真(极其真)并不能总是保证结论真(极其真)。

这种观点有很多支持者，但是，也面临自身的困难。首先，含混命题看起来不再是真正含混的。考虑前面提到的第 10000 份布条。根据这种观点，还是要承认存在第 $i$ 个布条，使得 $r_i$ 取值为 1(真正为真)，$r_{i+1}$ 取值比 1 稍小(比真正为真，小那么一点点)。

因此，还是存在一个真正的完全的红布条。但这是很奇怪的。我们看起来先拒绝了一阶的分界线，却在下一阶马上又承认了分界线，就是说，在红与不红之间没有严格界限，但是，在真正红和不真正红之间却设置了严格的界限。

另外一个奇怪之处，是每个句子都取 0 和 1 之间的一个值，因此，任给一对含混命题，其中一定会有一个比另一个更真，或者它们会具有相同的真值。若所涉属性相同，将不会面临什么问题（两个事物同等程度红，或者一个比另一个更红），但是，若对比涉及不同属性，听起来就有点不知所云了。若我说我高的程度是某个事物红的程度，这是什么意思呢？为了解释，我可能会说：我高的程度是 0.234205466453，这是什么意思？这个如此精确的数字到底意味什么呢？

当然，还可以有其他的方法来坚持选项（2），但是，前面所说的应该足以说明这种可能的回应方式的基本思路。现在，让我们考察最后一项的回应策略。

选项（3）或许是哲学圈内最正统的观点。它的优点是不必修正我们的逻辑理论，它的不足在于要求我们在一系列看起来非常合理的前提之中指出一个假的前提。根据已有研究，看起来有两种方法坚持这个选项。一种方法被称作超赋值法（最早要追溯到贝斯·范·弗拉森[7]）。根据这种观点，我们使用的“红”概念并没有在红与黄之间设置一个明晰的界限。相反，存在一系列可接受的界限，每个都是合理的。因此，我们的论证需要被考察多次，每一次考察所依据的界限值并不相同。对一个论证而言，如果依据的所有的界限值对它都是有效的，那么该论证是有效的，如果依据的界限值中有的界限值对它不是有效的，那么该论证就不是有效的。同样，如果一个陈述依据所有的界限值都是真的，该陈述便是真的；如果它依据所有的界限值都是假的，该论述便是假的；如果有时真有时假，它便处于“真值空缺”状态。这是因为我们正考虑的“红”的概念是含混的，我们无法判定该陈述是否是真的。

毫无疑问，这个主张依赖于某种确定真理。根据这种主张，其中有一个前提是假的（因为依据所有的界限值，某个前提是假的），但是，到底哪一个是假的却永远是不确定的。如果以上证明都能够让人满意的话，也算勉强找到一种差不多的方案了。但是，若我们考虑诸如“存在这样一份布条，它是红的，并且它的下一份不是红的”“存在这样一天，在那一天你是一个孩子，但在它的下一天，你便不再是一个孩子”这样的前提条件，那么这种方案或许会令人失望。这些陈述看起来是假的。这些陈述可以被看作与超赋值的理论相冲突——毕竟，超赋值的出现就是考虑到多个界限值是可能的。如此看来，我们仍需努力寻求另一个可选框架来分析含混性难题。

认知主义便是一个这样的框架。威廉姆森（T. Williamson）在其出色的专著《含混性》（*Vagueness*）[31]中，拥护认知主义，他选择“做困兽之斗”①。我们认为在红与不

① 译者注：原文是“bite the bullet”，可直译为“饮弹”，或意译为“硬撑”，这里选择译为“做困兽之斗”。这是一种论证策略。大意是，在论证的过程中，若对方的攻击看起来确实有道理，那么，虽不情愿但仍然选择接受对方的攻击，随后辩护对方攻击不足以致命，以此说明自己的观点仍然可以成立。

红之间就是存在一个真正的界限，同样也可以认为存在年轻的最后一天，或者年老的第一天（当然，也或许它们不是同一天）。一个人出生的第一天，他是年轻的，当他八十岁时，他就是不再年轻，认知主义的想法只不过是基于这些事实的一个推论罢了。认知主义者不再像超赋值主义者一样去寻找一个具体的界限，他们直接宣称，界限就在那里。含混性的一个显著标志是，这些界限是不可知的。所谓"认知"就是与知识有关，这样来看，"认知主义"就是一种恰当的称谓。因为对认知主义来说，红的边界情况（borderline cases）正是那些我们无法知道其是红的也无法知道其不是红的情况。

这种观点是否合理呢？对此，辩护理由可能是这样的：我们使用语言的实践确定了"红""年轻""秃顶"以及其他类似的概念。我们拥有的区分能力区别出了这些概念。这意味着，我们知道有些典型的例子是红色的，其他的则不是红色的。我们的区分实践证明，的确存在着区分的界限，但是，我们的能力又不允许我们找出这样的界限，因为我们没有做出如此精确区分的能力。更进一步，区分颜色的种种实践证明，如果我们能知道 x 是红色的，并且 x 与 y 在颜色上足够相似，那么，y 也是红色的。这也意味着我们无法知道所有红色的东西，因为这里有一个界限，我们无法对接近界限的那些东西做出区分。

关于累积论证，认知主义者会怎么应对呢？在认知主义者看来，累积论证的前提并不都是真的，存在最后一个红色的布条；也存在那样一个沙堆，去掉单独的一粒沙子后它便不再是一个沙堆。然而，我们无法（并且或许永远无法）确定哪个颜色的布条或者哪个沙子数量才是边界。

你或许会不同意认知主义（甚至不同意任何其他处理含混性问题的方法），但是，在评价各种不同观点时，你一定要记住，对于任何一个关于逻辑如何运作的不同解释来说，命题所取的值（比如 1 和 0，或者模糊逻辑中的更大范围的值）代表的是真和假（或许还有真假之间），而不是我们的知识状态。我们都会同意，我们对有些真理是无知的，这意味着，有的命题的确是真的，但是，我们却不知道它们是真的。如果这是成立的，那么，至少在有些时候，命题取的值是 1，但这个值却并不代表它是已被知道的事实。

经典的二值原则并没有排除在分析命题真假过程中的无知或未决状态。当我们表示的情况可能是"那样"的，但我们并不知道，这便是无知或未决的状态。

关于这个主题，还可以做更多讨论（实际上，哲学家们已经做了更多讨论）。若要对该主题做更深入的研究，请参考本章结尾提到的那些作品。

## 关于二值原则的其他难题

当然，除了含混性之外，还有其他的难题用来反驳二值原则，这样的难题还有许多。下面仅列举几个。

1）悖论

诸如"这个句子不是真的"（这是说谎者悖论）和"不以自身为成员的集合构成的集

合以自身为成员”(这是罗素悖论)给二值原则带来难题。我们似乎很难一致地为这些命题分配真值。如果“这个句子不是真的”是真的,那么,他所说的就是假的,因此,它就不是真的。如果它不是真的,那么,这正是他所说的,因此,它是真的。所以,如果它是真的,这个推论便不是真的;如果它不是真的,这个推论便是真的。关于这样的难题,我们应该如何应对呢?它是一个命题吗?它是真的吗?它是假的吗?对此,回答起来并不容易。

2) 非指称性词项

在我们做断言时,有的词项被用来指称对象,但事实上并没有指称任何对象,对此又该如何应对呢?举个例子,“当今的法国国王是秃顶”。当今的法国并没有国王,因此,“当今的法国国王”这个词项并没有指称,它是一个非指称性词项。那么,包含该词项的命题是真的吗?当然不是真的。并没有一个当今的法国国王被断言为秃顶,所以,它不是真的。但是,它是假的吗?如果我断言当今的法国国王不是秃顶,那么,我显然也是在谈论当今的法国国王。因此,两种回应似乎都不恰当(我们会在第12章讨论这个难题,并且我们会拥有更多的逻辑工具来分析到底发生了什么)。

3) 预设失败

非指称性词项是预设失败的一种特殊情况,预设失败是一种更加普遍的难题。我们似乎都会预设我们使用的词项会挑出相应的对象。当预设失败,在解释包含这些词项的句子时,我们便会遇到困难。预设失败的其他情况似乎也会为二值原则带来压力。比如,如果我预设你已经在使用家庭暴力,并问“你停止虐待你的配偶了吗?”,那么,如果你从没有打过你的配偶,那么无论回答“是”还是“否”,都是不合适的(更不用说你可能根本没有配偶)。在这样的情况下,“我已经不再打我的配偶”看来既不是真的(因为你从来就没有打过),也不是假的(因为你没有继续打你的配偶)。

4) 将来偶然陈述

最后一个例子可追溯到亚里士多德(Aristotle)。亚里士多德注意到,一些陈述或许可被称为将来偶然陈述[18]。对这些陈述,我们并不愿意为它们分配真值。这些陈述是关于将来的,比如“明天将有海战”,它可能成为真的,也可能成为假的。根据长久以来的传统,在当下时刻,不能将这些陈述当作真的也不能当作假的。在某种意义上,这些陈述在等待分配真值。

## 进阶读物

里德写的《对逻辑的思考》[21]的第七章,是关于含混性议题的一个简短而有用的概述。在《含混性》[31]中,威廉姆森满腔热情地为认知主义辩护,同时也对相互矛盾的观点做出了慷慨而公正的综述。目前最流行的关于多于两值的真值表研究,要归功于卢卡希维茨(Jan Łukasiewicz)(一个波兰逻辑学家,他的工作时期处于二十世纪上半叶)所作的努力。

卢卡希维茨的论文《论决定论》(*On Determinism*)[18]出现在他的一个作品集中。

针对关于将来偶然陈述的三值真值表，他提供了一个浅显易懂的说明。下面是合取、析取、蕴含和否定对应的真值表：

| p | q | p&q | p∨q | p⊃q | ～p |
|---|---|---|---|---|---|
| 0 | 0 | 0 | 0 | 1 | 1 |
| 0 | 1/2 | 0 | 1/2 | 1 | 1 |
| 0 | 1 | 0 | 1 | 1 | 1 |
| 1/2 | 0 | 0 | 1/2 | 1/2 | 1/2 |
| 1/2 | 1/2 | 1/2 | 1/2 | 1 | 1/2 |
| 1/2 | 1 | 1/2 | 1 | 1 | 1/2 |
| 1 | 0 | 0 | 1 | 0 | 0 |
| 1 | 1/2 | 1/2 | 1 | 1/2 | 0 |
| 1 | 1 | 1 | 1 | 1 | 0 |

他的无穷值逻辑十分流行并演变为了模糊逻辑。

思兰尼的《再谈含混性》(*Vagueness Revisited*)[27]很难找到。关于含混性，他提供的是最复杂的非经典思路。他尝试规避模糊逻辑面临的常见难题(如果你找不到《再谈含混性》，在他的《一个一般的逻辑》[28]中能找到该思路的一小部分说明)。

关于模糊逻辑的更多批评，请参阅苏珊·哈克(Susan Haack)的《变异逻辑，模糊逻辑》(*Deviant Logic*，*Fuzzy Logic*)[10]。

## 习题

### 基础习题

**5.1** 根据前面提到的三值真值表，一个公式被称作 $Ł_3$ 重言式，当且仅当，在任何赋值下，它的取值都是1。下面的公式都是二值的重言式。请问哪些是 $Ł_3$ 重言式？

p∨～p；～(p&～p)；p⊃((p⊃q)⊃q)；(p&(p⊃q))⊃q；
(p⊃r)⊃((p&q)⊃r)；(p⊃～p)⊃～p；(p⊃q)⊃(～q⊃～p)；
(p&～p)⊃q；p⊃(～p⊃q)；((p⊃q)⊃p)⊃p

### 高阶习题

**5.2** 试着用卢卡希维茨的三值逻辑为关于将来的陈述建模。在这样的模型中，对哪些陈述的理解会显得不够合理？

**5.3** 试着用超赋值为关于将来的陈述建模。在这样的模型中,对哪些陈述的理解会显得不够合理?

凡是可以被思考的东西都可以被思考得清楚。

——路德维希·维特根斯坦(Ludwig Wittgenstein)

# 第 6 章

# 条件句

在学习真值表时，你可能就已经感觉到，有一个联结词比其他联结词会带来更多的麻烦，那就是蕴含。条件句 $p \supset q$ 只有在 p 为真而 q 为假的情况下才是假的，而这看起来与我们对“如果”一词的用法并不一致。对此，我们应该如何解释呢？

## 实质蕴含悖论

根据$\supset$的真值表，诸如下面论证形式的有效性结果可以直接推演出来：

$$p \models q \supset p; p \models \sim p \supset q$$

这些论证形式面临的问题是，它们似乎拥有许多无效的示例。考虑论证形式：$p/q \supset p$。该推论的一个例子是：我活着/如果我死了，那么我活着。该论证的前提是真的，但是，结论却显然是假的。如果人死了，便不再活着。其他的例子还有从“今天星期二”推出“如果今天星期三，那么今天星期二”，从“约翰·郝瓦德是澳大利亚总理”推出“如果约翰·郝瓦德落选，约翰·郝瓦德是澳大利亚总理”。

第二个论证形式是：$p/\sim p \supset q$。它面临的麻烦丝毫不会比第一个少。该论证形式的例子要求我们从“我活着”推出“如果我没有活着，那么我是出名的”，或者推出“如果我没有活着，那么每个人都会很开心”，或者类似地，推出“如果我没有活着，那么每个人都很伤心”。所有这些例子都是从真命题推出假命题。

这些论证形式的确令人烦恼，它们还因此获得一个名字，即“实质蕴含悖论”。除了这两个悖论性的论证形式之外，还有很多。如下面这个论证形式也是有效的：

$$(p \& q) \supset r \models (p \supset r) \vee (q \supset r)$$

然而，这个论证形式看起来也拥有很多的无效示例。考虑这样一个情况：两个开关都落下，一个灯泡才会亮。前提是：

如果开关 1 落下并且开关 2 落下，那么灯泡亮。

这个论证形式却提示我们可以推出：

如果开关 1 落下，灯泡会亮；或者，如果开关 2 落下，灯泡会亮。

但这看起来是假的。两个开关必须同时落下灯泡才会亮——每一个单独的动作都构不成充分条件。

另外一个奇怪的例子是下面的重言式：

$$\models (p \supset q) \vee (q \supset r)$$

任意选取三个命题。根据这个重言式，可以推出：如果第一个命题为真则第二个命题也为真；或者，如果第二个命题为真则第三个命题也为真——无论这些命题之间如何的不相关。比如，“如果教皇是天主教的则昆士兰队赢得谢菲尔德盾杯，或者如果昆士兰队赢得谢菲尔德盾杯则月球是由绿色奶酪构成的”。这是真的吗？

针对实质蕴含悖论，我们有两个一般的回应策略：

(1)“⊃”的真值表为条件句的真值情况提供了一个好的模型。我们要做的是解释为何实质蕴含悖论看起来是奇怪的。

(2)“⊃”的真值表并没有为条件句的真值情况提供好的模型。“⊃”和“如果”之间的差别能够用来解释为何实质蕴含悖论看起来如此奇怪。

这一章将对这两种回应策略分别进行考察。

## 真与可断定性

根据最流行的回应策略，通过区分真与可断定性，我们能够坚持“⊃”的确为条件句提供了恰当的真值表。一个命题是真的，前提是如果它所说的恰恰是事物“是”的样子。一个命题是可断定的，前提是如果断定它乃是恰当的或者合理的。这两个概念的适用范围有着显著差异。在《逻辑与会话》(*Logic and Conversation*)[9]中，H. P. 格莱斯(H. P. Grice)曾对会话中的可断定性约束规则提出一种观点。其中，大部分的规则都是常识。你应该断定你相信为真的，不要断定你相信不为真的。当然，我们相信为真的东西未必事实上是真的(我们可能犯错)。因此，有的命题可断定却不为真。类似地，也有很多命题为真，我们却并不相信(我们不会对一切命题都持有态度)。所以说，有的命题为真却并不可断定。

就当下的讨论而言，若我们考察格莱斯的相关性规则，其中，真与可断定性之间的差异是最重要的。在交流中，我们不应该说比所需的更多的内容，也不应该说比所需的更少的内容。如果有人问我堪培拉在哪里，根据语境，很明显他们想驱车前往。如果我引用精确到毫米的距离，我便毫无必要地提供了过量的信息，所说多于所需；如果我表明距离是在 50 千米到 5000 千米之间，而我实际上确切知道距离大概是 300 千米，那么，所说又少于所需。在两种情况下，我说的都不是假的。然而，在两种情况下，我所说的都是不可断定的。

下面考察如何继续回应实质蕴含悖论。$p/q \supset p$ 看起来是奇怪的，因为我们从来不会基于 p 断定 $q \supset p$。如果有人问我：

昆士兰队赢得了谢菲尔德盾杯了吗？

假若我基于“他们确实赢了”而回答说：

如果我今晚出去吃饭，那么，他们就赢得了谢菲尔德盾杯。

那么，问话者会认为我是愚蠢的。我已经违反了相关性原则。当然，假若我知道他们确实赢了，根据对“如果”的经典刻画，我所作陈述确实是真的。不过，它是不恰当的。恰当断定 $p \supset q$ 的条件仅仅是，我既不确定 p 为假也不确定 q 为真。因为在这样的情况下，我应该去断定$\sim p$，或者应该去断定q。而若仅仅只是断定$p\supset q$，则是信息不足的。

上述思考可用来解释为什么我们会对推理$p/q\supset p$以及推理$p/\sim p\supset q$心存顾虑（至少这可以用来解释当我们知道或相信前提的情况下所产生的犹豫，但是，若仅仅是假设前提p为真，此时我们心里对推出$q\supset p$的犹豫能否获得类似解释，这一点尚不清楚）。无论如何，在此语境下，该论证形式显然不会完全奏效。在相同的会话语境下，如果我回答说：

我今晚出去吃饭，或者他们赢得了谢菲尔德盾杯。

问话者同样会认为我是不理智的。但是，$q/p\vee q$带来的争议与$q/p\supset q$并不一样。我们对推理$q/p\supset q$的顾虑要比对推理$q/p\vee q$的顾虑大很多（至少在确定所涉析取被读作相容析取而非不相容析取的情况下就是如此）。

弗兰克·杰克森（Frank Jackson）对格莱斯式解决方案做了进一步推进。根据他的论证，条件句$p\supset q$的可断定性随着条件概率$Pr(q|p)$的变化而变化。$Pr(q|p)$是假定p成立时q成立的概率。[①] 杰克森论证道，考虑到条件句在我们推理中的特殊功能（比如，处理假说情形、处理信息受限情形），在信息量增高的情况下条件句应该被看作是真正成立的，而这推动了我们用条件概率来定义条件句的可断定性。在这里，杰克森的论证细节不是本书重点。

以上思路也揭示出条件句和析取之间的重要差别。随着q的概率的增加，$p\vee q$的概率也会增加。然而，随着q成立概率的增加，$Pr(q|p)$并不总是会增加（比如，假若昆士兰队赢得谢菲尔德盾杯是很可能的，而这并不能推出如果他们遭受流感那么他们赢得了谢菲尔德盾杯的可能性会增加）。

然而，纵使杰克森的条件句可断定性理论提高了解释力，也并不能处理涉及条件句嵌套的命题的可断定性问题。$(p\supset q)\vee(q\supset r)$是重言式，因此，成立的概率是1。但是，这看起来是不可断定的。关于条件句的析取嵌套以及其他嵌套情况，我们需要做更多的工作。杰克森的理论只能用来处理“非嵌套（bare）”条件句，但是，在我们的语言中这只是条件句复杂构造中很小的一部分。

## 可能性

在第3章，我们曾论证条件句“如果p那么q”与否定合取“$\sim(p\&\sim q)$”拥有相同的真值表。这里，回顾一下这个论证。“如果p那么q”将被记作“$p\rightarrow q$”，以表明我们未必假设条件句等同于实质蕴含。我们要论证的是条件句就是实质蕴含，论证过程如下：

(1) 如果$p\rightarrow q$是真的，那么，如果p是真的，q便一定是真的（毕竟这就是条件句的意思）。因此，不会有p为真而q为假的情况。因此，$\sim(p\&\sim q)$是真的。

---

① 对于有数学头脑的人来说，概率$Pr(q|p)$是$Pr(p\&q)$的概率除以概率$Pr(p)$，至少在$Pr(p)$不等于0的情况下是这样的。

(2) 反过来,如果$\sim(p \& \sim q)$是真的,考虑如果p是真的会怎样。在这种情况下,不会有q为假,因为$p \& \sim q$不是真的(这正是我们所假设的,即$\sim(p \& \sim q)$是真的)。所以,不会有q为假,q一定是真的。因此,如果p为真,则q也为真。换句话说,$p \rightarrow q$为真。

这是一个非常有力的论证。如果我们反对将$\rightarrow$等同于$\supset$,就必须指出该论证错在哪里。绝大多数人都会同意该论证的第一部分。如果条件句的前件为真并且后件为假,那么,整个条件句为假。反过来表述,如果条件句$p \rightarrow q$为真,那么p和$\sim q$不会同时成立。因此,我们应该承认:

$$p \rightarrow q \models \sim(p \& \sim q)$$

问题出在该论证的第二部分,这里,我们想从$\sim(p \& \sim q)$推出$p \rightarrow q$。让我们举个例子,再次考察这部分论证。让p代表"我死了",让q代表"我活着"。$\sim(p \& \sim q)$显然是真的("我并非死了且没活着"),但是,$p \rightarrow q$似乎是假的(就是说,"如果我死了,那么我活着"不是真的)。心里想着这个例子,我们就有希望看出论证错在了哪里。

具体思路如下:

(1) 如果$\sim(p \& \sim q)$是真的,考虑如果p为真会怎样,就是说,若p为真即我死了会怎样。这是我们要考虑的情形。

(2) 在那种情况下,不会有q为假,因为$p \& \sim q$不是真的(这正是我们所假设的)。然而,这里的推论看起来是错的。在"我死了"的所有情况下,的确会有q为假。这里的推论预设,是在假设p为真的情况下,我们依然可以利用前面命题即$\sim(p \& \sim q)$为真这一事实。但是,这在我们考虑的情况下并不恰当。假若"我死了",那么"我并非死了且没活着"不再是真的。

因此,在这样的情况下,为了推出q,我们所需的信息比$\sim(p \& \sim q)$更多。这是因为我们不但想在当前正考虑的情况下断言$\sim(p \& \sim q)$,也想在所设想的其他情况下断言$\sim(p \& \sim q)$。因此,我们所作的假设必须是稳健的,就是说,它在新的语境下也能成立。这种需要的一种分析方法是将条件句$p \rightarrow q$定义为:

$$\Box \sim(p \& \sim q)$$

这里,"$\Box$"是一个新的联结词,即必然性,元数为1。$\Box \sim(p \& \sim q)$意味着$\sim(p \& \sim q)$不仅仅偶然成立的。它不但在我们的现实情形成立,在其他的所有可能情形也都是成立的。

联结词$\Box$并不是真值函数。就是说,$\Box A$的真并不仅仅取决于A的真值。$\Box$被称作模态算子,因为它给出的是命题为真或者被断定的一种不同模式。对有的命题p而言,p为真,而$\Box p$为假(p可能仅仅偶然为真)。对其他命题p而言,p为真,$\Box p$也为真。$\Box p$的真值不仅仅取决于p的真值。如果我们使用诸如$\Box$的联结词,必须对公式的解释方式进行拓展。

对$\Box p$的一种解释是"无论世界是怎样的,p都是真的",这里所言的世界的样子要按照字面意思理解。模态赋值不是直接对命题进行真值分配,而是要相对不同的状态对命题进行真值分配。我们将遵从一般的约定,将状态称作世界。一个赋值便是相对一个可能世界集为命题分配真或假。我们将用下面的记号：

$$w \Vdash A; w \nVdash A$$

分别表示 A 在世界 $w$ 上为真，A 在世界 $w$ 上不为真。请注意，到现在为止，我们已经有了三个相似的符号：$\vDash$，$\vdash$ 和 $\Vdash$。前两个表示的是公式集合和公式之间的关系：“$X \vDash A$”说的是，满足 X 的赋值，也都满足 A；“$X \vdash A$”表示的是，X，$\sim A$ 的树是封闭的，这意味着，我们拥有一个从 X 到 A 的证明。这里，新符号的读法如下：“$w \Vdash A$”的含义是，A 在世界 $w$ 上是真的。

给定一个世界集合 W，为了定义一个赋值，我们首先需要相对每个世界为原子命题指派真值。这里的指派是任意的。然后，我们根据原来的联结词规则进行计算。对于合取、析取和否定，下面是相应的赋值条件：

(1) $w \Vdash A \& B$，当且仅当，$w \Vdash A$ 且 $w \Vdash B$；

(2) $w \Vdash A \vee B$，当且仅当，$w \Vdash A$ 或 $w \Vdash B$；

(3) $w \Vdash \sim A$，当且仅当，$w \nVdash A$。

这不过是用一种稍微不同的方式，把我们所知的真值表信息进行重新表述。合取式(在 $w$ 上)是真的，当且仅当，两个合取支(在 $w$ 上)都是真的。析取式(在 $w$ 上)是真的，当且仅当，至少有一个析取支(在 $w$ 上)是真的。否定式(在 $w$ 上)是真的，当且仅当，被否定公式(在 $w$ 上)不是真的。只有针对新的联结词，即□和→，才会有所不同。也就是说：

(1) $w \Vdash \Box A$，当且仅当，对 W 中任意的 $v$，$v \Vdash A$。

(2) $w \Vdash A \rightarrow B$，当且仅当，对 W 中任意的 $v$，或者 $v \nVdash A$，或者 $v \Vdash B$。

□表示的是必然性。公式□A 是真的，当且仅当，A 在所有世界上的赋值都为真。这使得条件句具有真正的条件性。条件句 A→B 在一个世界上是真的，没有一个世界上 A 为真而 B 为假，或者等价地说，在任何一个世界上，如果 A 是真的，那么，B 也是真的。

下面是一个具体的赋值。我们的可能世界集合包含三个世界，$w_1$，$w_2$ 和 $w_3$：

| $w_1$ | $w_2$ | $w_3$ |
|---|---|---|
| p | p | $\sim p$ |
| q | $\sim q$ | $\sim q$ |

这张表显示出原子公式在每个世界上的真假情况。比如，q 在 $w_1$ 上是真的，在 $w_2$ 和 $w_3$ 上却不是真的。□p 在 $w_1$ 上是假的(在任何世界上都是假的)，因为 p 并不是在每个世界上都是真的(在 $w_3$ 上不成立)。类似地，□q 在每个世界上也都是假的，因为 q 在 $w_2$(和 $w_3$)上是假的。实质蕴含式 $p \supset q$ 在 $w_1$ 上是真的，因为 p 和 q 在 $w_1$ 上都是真的。但是，$p \supset q$ 在 $w_2$ 上是假的。因此，$p \rightarrow q$ 在 $w_1$ 上是假的(在每个世界上也都是假的)。这样，我们有：

$$w_1 \Vdash q \text{ 而 } w_1 \nVdash p \rightarrow q$$

这样，我们便找到一个情况($w_1$)：在该情况下 q 为真，但是，$p \rightarrow q$ 却没有随之为真。存

在一种 p 成立而 q 不成立的情况($w_2$),这足以确保条件句 p→q 并不为真。类似地,我们有:

$$w_1 \Vdash p \text{ 而 } w_1 \nVdash \sim p \to q$$

这是因为 $w_3 \Vdash \sim p$,而 $w_3 \nVdash q$。

我们用箭头替换实质蕴含之后,另外一个实质蕴含悖论也将失效。

我们前面所构造的,是对模态逻辑的一种简单建模,这对应的是有关文献中出现的"S5 系统"。这样理解的条件句常常被称作严格条件句,用来与更弱的实质蕴含句相区分。

为了保证准确性,我们将前面定义的模态赋值称作 S5 赋值。有了 S5 赋值,我们便可以定义一个拓展的后承概念:

X⊨A,当且仅当,对每一个 S5 赋值,对于其中的每一个世界,如果 X 中的每一个公式在其上为真,那么 A 同样为真。

根据该定义以及前面展示的赋值,我们有:

$$q \nvDash p \to q;\ p \nvDash \sim p \to q$$

我们同样可以证明:

$$\Box A, \Box B \vDash \Box(A \& B)$$

证明思路大概如下。考虑任意的 S5 赋值,假设 $w$ 是该赋值中的一个世界,并且 $w \Vdash \Box A$,$w \Vdash \Box B$。我们需要展示 $w \Vdash \Box(A\&B)$。为此,我们需要展示是否对该赋值上的任意世界 $v$,$v \Vdash A\&B$。已知 $w \Vdash \Box A$,故有对任意的世界 $u$,$u \Vdash A$,因此,$v \Vdash A$。类似地,已知 $w \Vdash \Box B$,故有对任意的世界 $u$,$u \Vdash B$,因此,$v \Vdash B$。所以,$v \Vdash (A\&B)$,这正是我们要证明的。这样,便证明了要证明的结果 $\Box A, \Box B \vDash \Box(A\&B)$。

再看另外一个例子。我们将证明:

$$\Box(p \vee q) \nvDash \Box p \vee \Box q$$

如果 p 或 q 是必然的,并不会随之有 p 是必然的或者 q 是必然的。为了证明这个结果,我们尝试构造一个赋值,在其中的一个世界 $w$ 上,$w \Vdash \Box(p \vee q)$ 而 $w \nVdash \Box p \vee \Box q$。为此,我们需要 $w \nVdash \Box p$ 且 $w \nVdash \Box q$。因此,需要在一个世界上 p 不成立,需要在一个世界上 q 不成立。然而,已知 $w \Vdash \Box(p \vee q)$,因此,在每个世界上,或者 p 成立,或者 q 成立。这并不难构造。我们让世界 $w$ 上,p 成立但 q 不成立。在世界 $v$ 上,q 成立但 p 不成立。这个赋值将是这样的:

| $w$ | $v$ |
|---|---|
| p | ~p |
| ~q | q |

这个赋值足以说明:$\Box(p \vee q) \nvDash \Box p \vee \Box q$。

我们已经展示一种相对赋值,在这种赋值下,命题要相对于语境才能获得真值。一旦我们接受相对赋值的路线,一系列的不同逻辑便向我们敞开了大门。时态逻辑允许相对时间点赋值,空间逻辑允许相对空间点赋值,信念逻辑或知识逻辑允许相对不同的信念集赋值。通过世界为模态逻辑进行赋值带来的是:针对不同的目的,我们可以有不同的形式逻辑。

很明显,用这样的赋值来为条件句建模,有很大的合理性。但实际上,这仍然不能完全满足我们的需要。另一个难题来自条件句与必然性的紧密联系。根据前面的赋值定义,我们有:

$$p\to q\vDash\Box(p\to q);p\to q\vDash(p\&r)\to q$$

如果 p 蕴含 q,那么 p 一定会蕴含 q。这看起来太强(绝对)了。如果我努力工作,我会乐在其中,这是成立的。但是,这并不能推出一定会如此。在很多情况下,我努力工作,但并没有乐在其中,这些情况在日常生活中并不罕见。

类似地,如果 $p\to q$,也未必就要有 $(p\&r)\to q$。如果我喝咖啡,我会喜欢那种味道。这并不能推出,如果我喝咖啡并且加了汽油在里面,我依然会喜欢那种味道。

大卫·刘易斯(David Lewis)在《反事实条件句》(*Counterfactuals*)[16]中,对条件句进行分析,尝试对这样的反驳进行回应。根据刘易斯的分析,世界之间要通过相似性关系进行排序。一个条件句在一个世界为真,如果在其前件为真的相似世界上后件也是真的。所以,根据这种观点,我们可能会有 $p\to q$,但是,没有 $\Box(p\to q)$。在 p 为真且与现实世界相似的世界上 q 为真。这并不能保证在 p 为真且与任何世界相似的世界上 q 都会为真。类似地,我们可以有 $p\to q$(因为相近的 p 世界同样是 q 世界),但是,并没有 $(p\&r)\to q$。相近的 $p\&r$ 的世界要遥远得多,我们无法保证该条件句为真。

## 相干性

针对条件句,纵使是最精致的模态分析,也会面临相干性难题。根据前面考察过的所有的后承理论,我们都有:

$$p\&\sim p\vDash q;p\vDash q\lor\sim q$$

这些论证形式被称作演推悖论。它们被称作悖论,是因为前提看起来和结论没有任何关系。

让我们回顾一下有效性的定义:

一个论证是有效的,当且仅当,只要前提是真的,结论一定也是真的。换句话说,不可能前提为真时结论为假。

根据该定义,或者至少根据该定义的第二部分,论证形式 $p\&\sim p/q$ 是有效的。这是因为不可能 $p\&\sim p$ 为真而 q 为假——因为 $p\&\sim p$ 就不可能为真!它是一个矛盾的公式。类似地,在相同的意义上,论证 $p/q\lor\sim q$ 也是有效的,因为 $q\lor\sim q$ 也不可能为假。

我们知道,这个有效性定义并没有规定论证的前提和结论之间要有任何的联系。根据该定义,一个论证的前提是足以保证它是有效的!这也就不难理解为何我们的演推会判定这些悖论是有效的。

因此，为了免受演推悖论的困扰，我们必须使用不同的有效性定义。我们需要的有效性定义会是这样的：

一个论证是相干有效的，当且仅当，如果前提为真，结论就会因为这而为真。

当然，这需要做很多的工作(定义中的“因为这”是什么意思仍需进行说明)。如果这样的有效性定义是可接受的，那么，我们将能够避免这些悖论。如果 p 是真的，q∨～q 不必因为 p 为真而为真。类似地，我们也很难看出，如果 p&～p 为真，q 会因为这个条件而为真(当然，如果 q 就是 p 或者就是～p，那么，推理是成立的，但是这只是特殊的情况而已)。

与此相对，如果 p 是真的，那么，p∨q 当然会因为该条件而为真。类似地，如果 p&q 为真，那么，p 也会因为该条件而为真。这些结果与我们已经学习的逻辑是类似的，但有些许不同。

这个广阔的研究领域被称为相干逻辑。这是因为，根据这种分析，论证的有效性要求前提和结论必须是相干的。二十世纪五十年代以来，逻辑学家在该领域做了很多工作。

这就是我们前面所学逻辑面临的一类难题。这并不意味着这构成致命打击——它只是说明存在另外一种意义上的“有效性”，经典逻辑并未把握到这种有效性。为了刻画这种有效性，我们必须放弃(或者至少要修正)X⊨A 与 X，～A⊨之间的等价关系。

## 进阶读物

格莱斯的开创性成果《逻辑与会话》[9]，可以在杰克森主编的集著《条件句》(*Conditionals*)[14]中能够轻松找到。这本集著收录了一系列围绕条件句的为真条件与可断定条件的争论的论文，也收录了关于条件句的模态分析的论文。

休斯和克莱思威尔的《模态逻辑新引》[13]和切勒斯(B F. Chellas)的《模态逻辑》(*Modal Logic*)[3]都是实用的模态逻辑导论书。刘易斯的《论世界的多样性》(*On the Plurality of Worlds*)[17]对模态逻辑涉及的哲学议题进行了深入的分析。里德的《对逻辑的思考》[21]第 3—4 章和莱斯托的《子结构逻辑导论》[22]，对相干逻辑涉及的形式议题和哲学议题有基本的介绍。

## 习题

### 基础习题

**6.1** 请证明下面结果。

□A&(A→B)⊨□B

□A&(A⊃B)⊭□B

$\sim\Box A \models \Box\sim\Box A$

$\Box(A \& \Box B) \models \Box(A \& B)$

$\Box A \& \sim\Box B \models \sim\Box(\sim A \vee B)$

**6.2**　让◇代表可能性。◇A 被定义为～□～A。$w \Vdash \Diamond A$，当且仅当，有一个世界 $v$，使得 $v \Vdash A$。请证明：①$\Diamond A \& \Diamond B \not\models \Diamond(A \& B)$；②$\Diamond(A \vee B) \models \Diamond A \vee \Diamond B$。

**6.3**　构造一个 S5 赋值，说明“灯泡开关”悖论失效。就是说，构造一个赋值说明：

$$(p \& q) \rightarrow r \not\models (p \rightarrow r) \vee (q \rightarrow r)$$

基于这个赋值，通过所涉及电路的可能状态，说明正在发生什么。（提示：将不同的世界理解为不同的电路状态。）

## 高阶习题

**6.4**　一个模态串是一个由～和□连接而成的符号串，比如，～□和□～□□。两个模态串是等值的，当且仅当，在它们的后面加上一个原子公式得到的公式是等值的（比如，□和□□是等值的，因为□p 和□□p 是等值的）。请证明：相对于 S5 赋值，只有 6 个不等值的模态串。

**6.5**　将 $\Diamond p \& \Diamond\sim p$ 记作 Cp。Cp 可以理解为“p 是偶然的”，就是说，p 可能为真，也可能为假。请思考：是否有关于 C 的有意义的逻辑定律呢？一个例子或许是 $\models \sim CCp$，也就是说 p 是偶然的这件事并不偶然。

对于关系这一范畴，我要加上一条规则，那就是“要相关”！

——H. P. 格莱斯(H. P. Grice)

# 第 7 章

# 自然演绎

本书第二部分是谓词逻辑，在开始谓词逻辑学习之前，让我们再来看一种呈现命题逻辑的方法。一个自然演绎系统提供给我们一种从已知有效的基本证明出发构造证明的方法。

## 合取、蕴含与析取

在自然演绎系统中，规则规定的是如何从基本论证形式构造复杂论证形式。基本论证形式是简单的，它们形如：

$$X \vdash A$$

其中，A 是公式集 X 的成员。我们用枚举成员的方式表示公式集，$A \vdash A$ 以及 $A, B, C \vdash B$ 便是两个基本论证形式。

从简单的论证形式构造复杂的论证形式，我们需要使用规则。这些规则展示了联结词的功能。规则分两种，一种规则规定如何引入联结词，另一种规则规定如何消去已经出现的联结词。

下面是针对合取联结词的规则。

合取引入规则：

$$\frac{X \vdash A \quad Y \vdash B}{X, Y \vdash A \& B} \ (\&I)$$

合取消去规则：

$$\frac{X \vdash A \& B}{X \vdash A} \ (\&E_1)$$

$$\frac{X \vdash A \& B}{X \vdash B} \ (\&E_2)$$

基于我们对合取联结词的用法，这些规则都可以直接得出。合取引入规则（&I）说的是，如果从 X 可推出 A，并且从 Y 可推出 B，那么 X 和 Y 一起可以推出 A&B。合取消去规则（$\&E_1$ 和 $\&E_2$）说的是，如果前提集可推出一个合取式，那么也能推出每个合取支。

针对蕴含联结词，我们有两个规则。

蕴含引入规则：

$$\frac{X, A \vdash B}{X \vdash A \supset B}\ (\supset I)$$

蕴含消去规则：

$$\frac{X \vdash A \supset B \quad Y \vdash A}{X, Y \vdash B}\ (\supset E)$$

这两个规则对自然演绎系统而言极其重要，因为它们将推出关系(⊢)与蕴含联系在一起。蕴含引入规则(⊃I)说的是，如果 X 和 A 可推出 B，那么，X 可推出条件句 A ⊃B。

因此，一种证明条件句的方法是，假设前件，然后证明后件。这便足以证明条件句。反过来讲，蕴含消去规则(⊃E)说的是，如果公式集合 X 可推出 A⊃B，而公式集合 Y 可推出 A，那么将 X 中的信息(这些信息保证了 A⊃B)作用于 Y 中的信息(这些信息保证了 A)，能够得出后件 B。因此，X 和 Y 一起足以保证 B。

在具体考察如何用这些规则构造证明之前，我们先来展示析取联结词对应的规则。

析取引入规则：

$$\frac{X \vdash A}{X \vdash A \vee B}\ (\vee I_1)$$

$$\frac{X \vdash B}{X \vdash A \vee B}\ (\vee I_2)$$

析取消去规则：

$$\frac{X, A \vdash C \quad Y, B \vdash C \quad Z \vdash A \vee B}{X, Y, Z \vdash C}\ (\vee E)$$

析取引入规则是显然成立的。如果 X 可推出 A，那么 X 也可推出 A∨B。类似地，如果 X 可推出 B，那么 X 可推出 A∨B。析取消去规则更有意思。如果 Z 可推出 A∨B，那么如果 A 与 X 一起可推出 C，并且 B 与 Y 一起可推出 C，那么 X、Y 和 Z 一起可推出 C。这是通过实例获得的推理形式。如果已知有 A∨B，并且有 A 推出 C、B 推出 C，那么便会有无论 A 和 B 当中到底哪个成立，C 都成立。

有了这些规则，我们便可以构造证明。针对 X ⊢ A 的一个证明就是一棵树(与之前不同，这里的树是根部向下的正常结构)，其中，X ⊢ A 为树根，公理为树叶，每一步都是应用一次规则的结果。下面是一个例子：

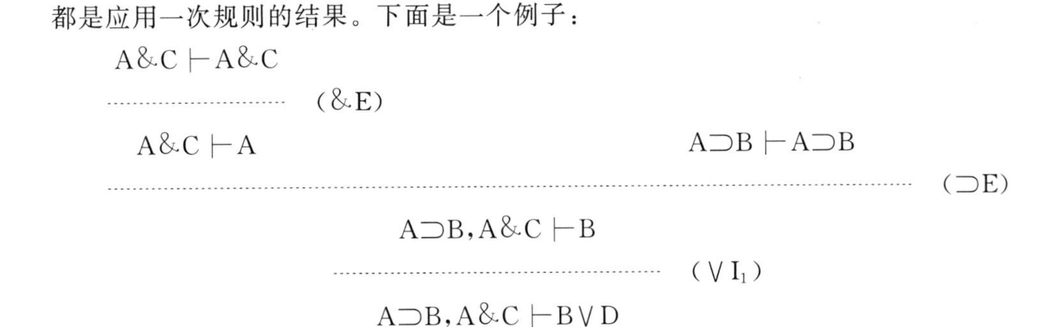


A⊃B ⊢ (A&C)⊃(B∨D)

在这个证明中，每一步都通过一条横线表示，并标明使用规则的名称。树叶都是公理，这很容易识别。以上图示证明的是 A⊃B ⊢ (A&C)⊃(B∨D)。

该证明的每一步都由前面步骤和所用规则保证。然而，我们构造证明的过程却是反向的。首先，我们要证明 A⊃B ⊢ (A&C)⊃(B∨D)。为此，我们知道只需证明 A⊃B, A&C ⊢ B∨D(一般地，为了证明 X ⊢ A⊃B，假设 X 和 A，去证明 B)。然后，不难看出，我们可以证明 A⊃B, A&C ⊢ B，因为 A&C ⊢ A，这样便证明完了。

我们也可以用纵列形式呈现证明，其中每一行通过公理，或者根据前面的行和规则得出：

| | | |
|---|---|---|
| ① | A⊃B ⊢ A⊃B | 公理 |
| ② | A⊃(B⊃C) ⊢ A⊃(B⊃C) | 公理 |
| ③ | A ⊢ A | 公理 |
| ④ | A⊃(B⊃C), A ⊢ B⊃C | ②,③(⊃E) |
| ⑤ | A⊃B, A ⊢ B | ①,③(⊃E) |
| ⑥ | A⊃(B⊃C), A⊃B, A ⊢ C | ④,⑤(⊃E) |
| ⑦ | A⊃(B⊃C), A⊃B ⊢ A⊃C | ⑥(⊃I) |
| ⑧ | A⊃B ⊢ (A⊃(B⊃C))⊃(A⊃C) | ⑦(⊃I) |

在这个证明中，我们为每一行都标记了它依赖的行以及用到的推理规则。这种呈现方式与树形自然演绎图的信息是完全一样的。经常的情况是，构造一个纵列形式的证明会显得更加容易，因为当证明变得更加复杂，依然可以直接自上而下地推演，而不用像树形图一样，横跨多个公式。同样，在纵列形式的证明中，我们也可以做出假设，或许这些假设不会在证明中被进一步使用，但是对于构造证明是有帮助的。然而，一旦证明最终完成了，再用树形图进行重写则会以一种更加直接的方式展现步骤之间的依赖关系。

再看一个例子，说明如何构造证明。我们将证明：A⊃((B&C)⊃D) ⊢ (A&C)⊃(B⊃D)。我们知道，该证明需要假设 A⊃((B&C)⊃D)、A&C 以及 B，并推出 D。这些假设可以很轻松地让我们推出 D。因为有 A&C，所以有 A，进而，可以有(B&C)⊃D。通过 A&C，也可以得出 C。进而，通过 B 继而有 B&C，最终，有 D。下面，我们来写出整个证明，以上推理信息都会出现其中：

| | | |
|---|---|---|
| ① | $A\supset((B\&C)\supset D)\vdash A\supset((B\&C)\supset D)$ | 公理 |
| ② | $A\&C\vdash A\&C$ | 公理 |
| ③ | $B\vdash B$ | 公理 |
| ④ | $A\&C\vdash A$ | ②(&E) |
| ⑤ | $A\supset((B\&C)\supset D),A\&C\vdash(B\&C)\supset D$ | ①,④(⊃E) |
| ⑥ | $A\&C\vdash C$ | ②(&E) |
| ⑦ | $A\&C,B\vdash B\&C$ | ③,⑥(&I) |
| ⑧ | $A\supset((B\&C)\supset D),A\&C,B\vdash D$ | ⑤,⑦(⊃E) |
| ⑨ | $A\supset((B\&C)\supset D),A\&C\vdash B\supset D$ | ⑧(⊃I) |
| ⑩ | $A\supset((B\&C)\supset D)\vdash(A\&C)\supset(B\supset D)$ | ⑨(⊃I) |

这个证明清晰地展示了上文进行的非形式的推理。

## 否定

前面的规则作用的范围只是我们语言的一部分。我们考虑了合取、蕴含和析取。为了给否定制定规则，先引入一个有用的命题形式符号。这个符号是⊥，读作“永假”，⊥的赋值永远为假。这个符号受下面的消去规则约束。

永假消去规则：

$$\frac{X\vdash\bot}{X\vdash A}\ (\bot E)$$

由于⊥总是假的，它并没有引入规则。有了⊥，我们对否定规则进行如下定义。

否定引入规则：

$$\frac{X,A\vdash\bot}{X\vdash\sim A}\ (\sim I)$$

否定消去规则：

$$\frac{X\vdash\sim A\quad Y\vdash A}{X,Y\vdash\bot}\ (\sim E)$$

如果X和A一起推出⊥，那么，我们知道X和A不会同时为真。因此，如果X是真的，那么，A就会是假的，就是说，～A是真的。这是否定的引入规则。我们使用否定时，如果X推出～A，而Y推出A，那么，可知X和Y不能同时为真。就是说，X和Y一起推出⊥。这些规则用来约束否定联结词的作用方式(或许有的读者已经注意到，根据这里的规则，～A与A⊃⊥是等价的，你们不妨试试，用真值表去验证～A和A⊃⊥的确是等价的)。有了这些规则，否定的许多属性都可以得到证明。比如，可以轻松证明从一个公式可推出它的双重否定，$A \vdash \sim\sim A$：

| | | |
|---|---|---|
| ① | $A \vdash A$ | 公理 |
| ② | $\sim A \vdash \sim A$ | 公理 |
| ③ | $A, \sim A \vdash \perp$ | ①，②($\sim$E) |
| ④ | $A \vdash \sim\sim A$ | ③($\sim$I) |

类似地，换位规则，即 $A \supset B \vdash \sim B \supset \sim A$，也可以直接得到证明。

| | | |
|---|---|---|
| ① | $A \supset B \vdash A \supset B$ | 公理 |
| ② | $A \vdash A$ | 公理 |
| ③ | $A \supset B, A \vdash B$ | ①，②($\supset$E) |
| ④ | $\sim B \vdash \sim B$ | 公理 |
| ⑤ | $A \supset B, A, \sim B \vdash \perp$ | ③，④($\sim$E) |
| ⑥ | $A \supset B, \sim B \vdash \sim A$ | ⑤($\sim$I) |
| ⑦ | $A \supset B \vdash \sim B \supset \sim A$ | ⑥($\supset$I) |

然而，上述否定规则并不能证明真值表可判定的所有有效论证形式。比如，无法证明一个公式可以从其双重否定推出来(读者不妨试试证明 $\sim\sim A \vdash A$。那么，为何用这些规则不可能证明出来呢？类似地，根据真值表，换位规则的逆方向：$\sim B \supset \sim A \vdash A \supset B$，也是有效的，但根据前面给出的自然演绎规则也是无法证明的)。为了和真值表具有完全一样的判定能力，我们需要再引入一个规则。

双否消去规则：

$$\frac{X \vdash \sim\sim A}{X \vdash A}\ (\text{DNE})$$

这个规则被称作双否消去规则(DNE)。有了这个规则，我们可以证明 $\sim\sim A \vdash A$(将 DNE 规则应用到公理 $\sim\sim A \vdash \sim\sim A$ 可直接得到要证明的结果)以及其他结果。这样，真值表的判定能力在这些规则中完全得到体现。我们再来看一个例子，考虑一个重言式——排中律。用真值表方法表明 $A \vee \sim A$ 是一个重言式是简单的。在我们的自然演绎系统中，证明这个结果要更难一些。

| | | |
|---|---|---|
| ① | $A \vdash A$ | 公理 |
| ② | $A \vdash A \vee \sim A$ | ①($\vee$I) |
| ③ | $\sim(A \vee \sim A) \vdash \sim(A \vee \sim A)$ | 公理 |
| ④ | $A, \sim(A \vee \sim A) \vdash \perp$ | ②，③($\sim$E) |
| ⑤ | $\sim(A \vee \sim A) \vdash \sim A$ | ④($\sim$I) |
| ⑥ | $\sim(A \vee \sim A) \vdash A \vee \sim A$ | ⑤($\vee$I) |
| ⑦ | $\sim(A \vee \sim A) \vdash \perp$ | ③，⑥($\sim$E) |
| ⑧ | $\vdash \sim\sim(A \vee \sim A)$ | ⑦($\sim$I) |
| ⑨ | $\vdash A \vee \sim A$ | ⑧(DNE) |

除非遇到特殊情况，用到 DNE 规则的证明要比没用到该规则的证明更复杂。一般而

言，我们若要通过 DNE 证明一个公式，先尝试证明它的双重否定，然后用 DNE 规则证得结果。①

自然演绎系统提供了一种证明模式，这种模式与树方法不同。为了判定是否 X ⊢A，在画树的过程中，我们尝试考虑能否同时有 X 和～A。如果有一种一致的方法能达成 X 和～A，该论证形式就不是有效的；如果不能达成，就是有效的。与此对照，自然演绎系统是在假设 X 的基础上推出 A。自然演绎与我们在数学推理中看到的“证明”是极其类似的。但是，自然演绎系统也存在不足。如果一个论证形式是不可证明的，自然演绎系统便不能提供任何有用的信息了。对应的，树方法不但能为有效论证形式提供有价值的信息也能为无效论证形式提供有价值的信息。

关于这种证明理论系统，这里，我们不再做更多的阐述。关于自然演绎，若要了解更多，请参阅下面提到的阅读材料。

## 进阶读物

针对这种形式的自然演绎，莱蒙的《逻辑入门》[15]依然是最好的基础导论书。普拉威茨（D. Prawitz）在其《自然演绎证明论研究》（*Natural Deduction：A Proof Theoretical Study*）[20]中提出的原创性想法可读性很强，他还对标准化的形式化特征进行了研究。关于自然演绎以及其他形式的证明理论的更新概况，请参阅特鲁尔斯特拉（A. S. Troelstra）和施维登保（H. Schwichtenberg）的《基本证明论》（*Basic Proof Theory*）[30]。

没有 DNE 规则的逻辑系统被称作直觉主义逻辑。L. E. J. 布劳威尔（L. E. J. Brouwer）在二十世纪的前十年便确立了直觉主义逻辑的哲学基础。在布劳威尔看来，数学推理的根据在于人类的构造行为（我们的直觉）。但布劳威尔并不认为，形式化系统能够刻画数学构造。不过，海丁（A. Heyting）还是构造了一个直觉主义形式逻辑，请参考《直觉主义逻辑导论》（*Intuitionism：An Introduction*）[11]。他认为，DNE 规则是无效的，因为～A 成立的条件是，我们可以通过构造展示 A 不能被构造出来或者说不能被证明。这就是对 A 的否决。因此，～～A 意味的是，我们能够通过构造展示不会存在对 A 的否决。但这并不能保证 A 能够被构造出来。类似地，我们可能既不能否决 A，也不能构造 A，因此，A∨～A 也是无效的。直觉主义逻辑在数学哲学中是重要的，在语言哲学中同样重要（参考迈克尔·达米特（Michael. Dummett）的《直觉主义原理》（*Elements of Intuitionism*）[4]，达米特在语言领域而不是在数学领域中说明了确证和构造的概念），除此之外，在可计算性和可行性领域也很重要。

通过对这些自然演绎系统进行简单修改，就可以刻画相干逻辑。我们可选择放弃一般化的公理 X ⊢A，而只保留 A ⊢A 的示例（对推出 A 而言，X 中其他元素可能是

---

① 译者注：其实，从形式上来看，这里的～I、DNE、～E、⊥E 可分别视作“否定引入”“否定消去”“永假引入”“永假消去”，这样的规则分类，会让所有联结词及⊥都对应两个规则，这种统一的分类方法，或许更为合理。而不必像作者一样认为，⊥没有引入规则。

不相关的)。因此,我们将无法推出 $A \vdash B \supset A$,因为 B 在推出 A 的过程中并没有被用到。我们或许也可以规定假设的数量和使用顺序。思兰尼(J. K. Slaney)的文章《一个广义逻辑》(*A General Logic*)[28]是关于这条逻辑进路研究的一篇短文。我曾考虑这个想法,并在《子结构逻辑导论》[22]中对之进行了深入研究。

## 习题

### 基础习题

**7.1** 证明下面结果,不允许使用 DNE 规则。

$$A \supset \sim B \vdash B \supset \sim A;\ \sim\sim\sim A \vdash \sim A;$$
$$\sim A \lor \sim B \vdash \sim(A \& B);\ \sim(A \lor B) \vdash \sim A \& \sim B;$$
$$A \& \sim B \vdash \sim(A \supset B)$$

**7.2** 证明下面结果,请使用 DNE 规则。

$$\vdash ((A \supset B) \supset A) \supset A;\ \sim(A \& B) \vdash \sim A \lor \sim B;$$
$$\vdash A \lor (A \supset B);\ \sim A \supset \sim B \vdash B \supset A;$$
$$(A \& B) \supset C \vdash (A \supset C) \lor (B \supset C)$$

### 高阶习题

**7.3** 请证明排除掉 DNE 规则之后剩下的自然演绎规则(即直觉主义逻辑的规则)对下面的三值真值表而言是可靠的。

| p | q | p&q | p∨q | p⊃q | ~p |
|---|---|---|---|---|---|
| 0 | 0 | 0 | 0 | 1 | 1 |
| 0 | n | 0 | n | 1 | 1 |
| 0 | 1 | 0 | 1 | 1 | 1 |
| n | 0 | 0 | n | 0 | 0 |
| n | n | n | n | 1 | 0 |
| n | 1 | n | 1 | 1 | 0 |
| 1 | 0 | 0 | 1 | 0 | 0 |
| 1 | n | n | 1 | n | 0 |
| 1 | 1 | 1 | 1 | 1 | 0 |

为了得到证明结果,需要证明:如果 $X \vdash A$ 能够由自然演绎系统证明,那么,$X \vDash A$ 相对于三值逻辑真值表也成立($X \vDash A$ 成立的条件是,对任意赋值,若前提分配的值是 1,结论也是 1)。在此基础上,请证明:若没有 DNE 规则,习题 7.2 中的所有论证形式都是不可证的,具体做法是证明它们相对于以上三值真值表来说并不成立。

**7.4** 证明以上三值真值表对直觉主义逻辑而言并不是完全的。找到一个论证形式，它在然演绎系统中不能被证明，但是，根据以上三值真值表却是有效的。

**7.5** 证明卢卡希维茨的三值真值表对直觉主义逻辑而言不是可靠的。找到一个论证形式，它在直觉主义逻辑中可证明，但是，相对于卢卡希维茨三值逻辑真值表，它不是有效的。

没有什么比想要显得自然更能阻碍我们自然而然了。

——德·拉·罗什福科(Duc de la Rochefoucauld)

# 第二部分

# 谓 词 逻 辑

# 第8章

# 谓词、名字和量词

到现在为止，我们已经非常熟悉命题逻辑，命题逻辑能够确定很多论证形式的有效性。因此，命题逻辑是非常有用的工具。然而，有些论证显然是有效的，我们却无法通过前面使用的任何方法来说明。比如，考虑这个论证：

所有的男性哲学家都留胡子，
苏格拉底是一个男性哲学家，
所以，苏格拉底留胡子。

这个论证是有效的。如果所有的男性哲学家都留胡子，并且苏格拉底是一个男性哲学家，就可以推出他留胡子。如果苏格拉底没有留胡子，那么，要么他不是一个男性哲学家，要么他就是“所有男性哲学家都留胡子”这个断言的一个反例。因此，如果结论是假的，则至少有一个前提为假。

然而，该论证的最具描述力的命题形式仅仅是“p，q/r”，而这个论证形式显然是无效的。因此，我们需要一种新的方法来展示诸如此类论证的结构，需要一种语言来展示该论证具有的正确形式，正确的形式大概应该是如下样子：

所有的F都是G，
$a$是一个F，
所以，$a$是一个G。

这个形式是有效的。我们会将语言进行拓展，使得能够写出这样的形式。有一种方法可以做到，通过这种方法得到的语言被称作谓词语言，相应的逻辑被称作谓词逻辑，有时也被称作一阶逻辑。本章后面的部分就是写出一种这样的语言。只有这样，我们才能据此发现那些有效的论证形式。

## 名字与谓词

针对前面关于苏格拉底的论证，为了让我们的语言能够写出刻画其有效性的论证形式，必须做两件事情。第一，它必须能对事物（比如苏格拉底）进行命名；第二，它必须能描述事物（比如说他留胡子）。我们一步一步地来，先来看名字。

在诸如英语的语言中，专名是用来挑出个体事物的简单表达式。比如，“五”“印度”“理查德·尼克松”都是专名。它们分别命名了一个数、一个国家和一位美国的前任总统(请注意:这里用引号来帮助命名名字。印度是一个国家,但“印度”不是一个国家,它是一个国家的名字,类似地,五是一个数,而“五”是一个数的名字)。我们将用“$a$”“$b$”“$c$”等来表示我们的论证形式语言中的名字。在本书的余下篇幅中,我们也将专名简称为名字或者常元(现在用这些字母来表示名字,这些字母便不再表示原子命题了;我们会用从 $a$ 到 $o$ 的字母命名对象,如果这还不够的话,就用数字下标,比如,$b_{23}$、$c_{3088}$等;用 p、q、r 以及数字下标来表示原子命题)。

接下来,我们还必须能够描述被命名的事物。谓词承担此功能。大体上讲,谓词是这样一类表达式,在它们的空位上适当填入一定数量的名字就会得到语句。比如:

……是 10 的倍数

……有些疯狂

……比……高

……是……的倍数

……爱……

……在……和……之间

都是谓词。对第一个和第二个谓词而言,我们填入一个名字就会得到一个语句,因此,它们被称作一元的。对第三个、第四个和第五个谓词而言,我们填入两个名字得到一个语句,因此,它们被称作二元的。最后一个谓词则需要三个名字,因此,被称作三元的。我们将用大写字母来代表谓词(比如“F”和“G”)。

我们用名字来命名对象,而谓词用来归属属性和关系。诸如 $a$ 的名字用来命名一个对象(一个人、一个数、一个国家,或者任何其他的东西),诸如 F 的一元谓词用来归属属性(比如疯狂这一属性,10 的倍数这一属性,或者值得参观这一属性,或者任何其他的属性),诸如 G 的二元谓词用来归属二元关系(比如爱、大于、相邻,或者任何其他的二元关系),三元谓词归属三元关系,如此等等。

做了这些准备工作,我们便能够将名字和谓词进行组合写出简单命题的形式了:

印度大　$\mathrm{B}i$

约翰爱玛丽　$\mathrm{L}jm$

约翰和玛丽彼此爱着对方　$\mathrm{L}jm \& \mathrm{L}mj$

约翰和玛丽都爱自己　$\mathrm{L}jj \& \mathrm{L}mm$

玛丽对约翰的爱并未得到回报　$\mathrm{L}mj \& \sim \mathrm{L}jm$

如果玛丽爱约翰,约翰就不爱玛丽　$\mathrm{L}mj \supset \sim \mathrm{L}jm$

请注意,诸如 $\mathrm{B}i$ 和 $\mathrm{L}jm$ 的命题有了内部结构。第一个说印度之“大”。第二个说约翰爱玛丽。这些表达式都有结构,但是,它们的结构与合取命题、析取命题和否定命题等复杂命题的结构并不相同。它们的结构并非通过组合命题而得到,而是通过将谓词和名字进行组合而得到。然而,这些复合的符号依然是命题,因此,在本书前面所学到的方法都可以用来对它们进行组合,用这些命题来构造新的命题,比如构造合取命题、析取命题和否定命题以及条件命题,正如上述其他例子所示。这样的例子并不难构造。

## 量词

这样,我们便能就前文论证中出现的苏格拉底、男性哲学家、留胡子做更多的结构描述。但是,第一个前提,即所有的男性哲学家都留胡子,并不是主谓结构。它并没有谈论哪个具体的男性哲学家,而是说的所有男性哲学家。这种结构涉及量词。再看几个不同的例子:

有的男性哲学家留胡子。

大多数逻辑学生都是聪明的。

至少有七个人完成登月。

非常少的澳大利亚人陷于贫困。

在这些句子中,我们谈论的是一定数量的对象——所有,有的,大多数,至少七个,非常少。在谓词演算中,我们会用到两个量词:用来谈论所有对象的全称量词,以及用来谈论至少一个对象的存在量词。

在引入这些量词之前,我们先看一个简单的例子。假设我要说有的男性哲学家留胡子。先看苏格拉底,苏格拉底是一个男性哲学家还留胡子,我们有:

$$(\mathrm{M}a \,\&\, \mathrm{P}a)\,\&\,\mathrm{B}a$$

其中,$a$ 命名的是苏格拉底,M 代表谓词"……是一名男性",P 代表谓词"……是一个哲学家",B 代表谓词"……留胡子"。再考虑格里格,格里格是一个男性哲学家还留胡子,我们有:

$$(\mathrm{M}b \,\&\, \mathrm{P}b)\,\&\,\mathrm{B}b$$

其中,$b$ 命名格里格。现在,假设要说有人是男性哲学家还留胡子,我们可能会尝试表示为:

$$(\mathrm{Mx} \,\&\, \mathrm{Px})\,\&\,\mathrm{Bx}$$

其中 x 用来命名有人。但是,这种表示方法并不合适,因为我们或许会说,有的男性哲学家留胡子并且有的男性哲学家不留胡子。我们不能将之表示为:

$$((\mathrm{Mx} \,\&\, \mathrm{Px})\,\&\,\mathrm{Bx})\,\&\,((\mathrm{Mx} \,\&\, \mathrm{Px})\,\&\,\sim\mathrm{Bx})$$

因为留胡子的哲学家和不留胡子的哲学家是不同的人。我们需要用不同的名字来表示不同的"有人",或者,要用一种技巧来表明我们选择对哪个位置的"有人"进行替换。

要确定替换"有人"的位置并不容易。假设你说"有人是留胡子的男性哲学家",而我对此进行否定(或许,出于某种理由,我认为所有的男性哲学家都不留胡子)。下面的符号说的是什么呢?

$$\sim((\mathrm{Mx} \,\&\, \mathrm{Px})\,\&\,\mathrm{Bx})$$

这是对你所说话的否定,但是,可能并不是我想说的。这个符号的意思可能是:

并非有人是留胡子的男性哲学家。

也可能意味的是:

有人并不是留胡子的男性哲学家。

后者要比前者更弱。它到底意味什么要完全取决于在什么位置选择对 x 进行替换。根据第一种读法,否定出现在前面,我说的是,无论如何对 x 进行替换都不会使得 (Mx&Px)&Bx 为真。根据第二种读法,我先对 x 进行替换,再进行否定,因此,我说的是,有的对 x 的替换使得～((Mx&Px)&Bx)为真。

现在我们可以来定义带有量词的语言了。我们先在语言中加入一系列的变元 x、y、z 等(按照通常做法,如果字母数量不够的话,就用数字下标)。然后,我们为每个变元 x 引入一个存在量词(∃x)。(∃x)意味的是"这里就是我要替换 x 的地方"(它被称作存在量词,是因为它说的是存在一个对象具有相应的属性)。下面用几个例子来展示存在量词。

(∃x)((Mx&Px)&Bx)

这意味的是,有人是留胡子的男性哲学家。

(∃x)((Mx&Px)&～Bx)

这意味的是有人是不留胡子的男性哲学家。在这两个例子中,存在量词都拥有宽辖域,因为它约束的是它后面的整体。在有的例子中,存在量词也会出现在其他联结词的约束范围内。比如:

～(∃x)((Mx&Px)&Bx)

该公式说的是,并非有的男性哲学家留胡子。我们否定的是,有一个对 x 的替换使得 (Mx&Px)&Bx 为真。这与公式:

(∃x)((Mx&Px)&～Bx)

是不同的。后面这个公式说的是,有一个对 x 的替换使得(Mx&Px)&～Bx 为真。我们的语言有不止一个变元,因为有时我们需要在说一个事物的基础上,再说另一个事物。比如,假如我说:

有的哲学家认识律师。

那么,我们可以先将其形式化为:

(∃x)(Px&x 认识律师)。

其中 Px 代表的是 x 是一个哲学家。如果令 K 代表二元谓词"……认识……",而 L 代表一元谓词"……是一个律师",我们又该如何对"x 认识律师"进行形式化呢?下面的形式化是错误的:

(∃x)(Lx&Kxx)

因为这说的是"有的律师认识自己"。我们将使用一个新的变元来代表律师,因为我们需要同时谈论一个哲学家和一个律师。因此,"x 认识律师"可以表示为:

(∃y)(Ly&Kxy)

这说的是"有一个律师被 x 认识",这恰恰是上述句子的意思。将两个阶段整合在一起,我们得到:

(∃x)(Px&(∃y)(Ly&Kxy))

这说的是有的哲学家认识律师,这正是我们所表达的意思。

我们能用存在量词做更多的事情,而不仅仅是对断言各类事物存在的陈述句进行形式化。我们可以对这样的陈述句进行否定，这让我们可以一般地谈论一类事物。比如，若我说～(∃x)((Mx&Px)&Bx)，我说的是，不存在一个留胡子的男性哲学家。换句话说，没有男性哲学家留胡子。或者等价地讲，每个男性哲学家都不留胡子。这样，我们便有了一种进行全称判断的方法。形如：

～(∃x)Fx

该命题说的是并非有的事物具有F属性。这与下面命题是等价的：

每个事物都不具有属性F。

我们用一个新的量词来表示这个命题。

(∀x)～Fx

它与～(∃x)Fx是等价的。全称量词(∀x)也显示对x进行替换的地方。对存在量词而言，说的是对x进行至少一次替换；对全称量词而言，说的是对x进行任意替换。[①] 因此，我们的断言～(∃x)((Mx&Px)&Bx)说的是，没有男性哲学家留胡子，若用全称量词，则等价于下面的表达：

(∀x)～((Mx&Px)&Bx)

这说的是，所有"事物"都不会是一个留胡子的男性哲学家。我们还可以更进一步。～((Mx&Px)&Bx)等价于(Mx&Px)⊃～Bx，因此，我们原来的断言可以形式化为：

(∀x)((Mx&Px)⊃～Bx)

这说的是，无论对x进行怎样的替换，如果x是一个男性哲学家，那么x就没留胡子。这意味的是，没有一个男性哲学家留胡子，这正是我们本来要表达的意思。

概括一下：我们将两种符号加入语言。一种是诸如x、y、z的变元和诸如(∃x)和(∀x)的量词，它们标识了对变元进行示例替换的位置，也代表了两种不同的替换类型。这些符号与名字和谓词一起，构成谓词语言的核心部分。我们的语言是这样的：

(1) p、q、r、$p_1$、$q_2$、$r_3$ 等是原子公式(任何原子公式都是公式)。

(2) x、y、z、$x_1$、$y_2$、$z_3$ 等是变元。

(3) $a$、$b$、$c$、$a_1$、$b_2$、$c_3$ 等是名字。

(4) 诸如F、G、H的大写字母代表谓词。对每个谓词而言，都对应一个数字，代表的是该谓词的元数。一元谓词的元数是1，二元谓词的元数是2，如此等等。

(5) 如果F是$n$元谓词，而$a_1 \cdots a_n$是名字，那么，$Fa_1 \cdots a_n$是公式。

(6) 如果A是公式，那么，～A也是公式。

(7) 如果A和B是公式，那么(A&B)、(A∨B)、(A⊃B)和(A≡B)都是公式。

(8) 给定公式A和名字$a$，变元x，我们把用x对A中出现的所有$a$进行替换得到的结果写作"A($a$:=x)"。这不是一个公式，这是成为公式的过渡形式。我们还需要对自由变元x进行处理的操作规则。

(9) 如果A是一个公式，$a$是一个名字，x是一个变元，那么，(∃x)A($a$:=x)和(∀x)A($a$:=x)都是公式。

---

① 译者注：原文中为"every"，考虑到译文通畅，意译为"任意"。

公式(∃x)A(a:=x)中的量词(∃x)的辖域是紧跟的A(a:=x)。类似地，公式(∀x)A(a:=x)中的量词(∀x)的辖域是紧跟的A(a:=x)。

下面展示如何使用规则生成公式。我们让F代表一个一元谓词，G代表一个二元谓词。那么，(Fa&Gab)是一个公式。然后，用x替换该公式中的a，即(Fa&Gab)(a:=x)，得到(Fx&Gxb)。请注意，这不是一个公式，因为它包含变元x而且没有任何量词约束。为了得到一个公式，我们需要用一个量词对x进行约束。让我们选择一个存在量词，这样，我们得到公式(∃x)(Fx&Gxb)。该公式中的量词(∃x)的辖域是(Fx&Gxb)。

根据我们对语言的定义方式，(Fx&Gxb)并不是一个公式。变元进入我们语言的唯一方式是落入量词的辖域中。在一个量词辖域外面的变元被称作是自由的，落入一个量词的辖域的变元，被称作是受约束的。

## 翻译

从日常语言到谓词语言的翻译以及从谓词语言到日常语言的翻译是非常重要的。第一件要做的事是找到日常语言文本中的名字和谓词。假设我们要对下面的论证进行形式化：

每人有所爱之物。

如果一个人爱一个东西，他就会想着它。

因此，每人有所想之物。

这里出现了三个谓词。我们将用一元谓词P来表示“是一个人”，二元谓词L表示“……爱……”。Lxy读作“x爱y”。二元谓词T代表“……想着……”。为了对该论证进行形式化，我们对这些命题一个一个进行考察。第一个说的是，“每人有所爱之物”。“每人”意味的是“每一个人”。这是一个全称量化断言。“每人有所爱之物”说的是：

(∀x)(Px⊃x有所爱之物)

对于任意的对象，如果它是一个人，那么，它有所爱之物。x有所爱之物说的是：

(∃y)Lxy

我们可选取某物(称作y)使得x爱它。我们用一个不同的变元来谈论这个事物，因为我们必须同时谈论它和那个人。因此，“每人有所爱之物”说的是：

(∀x)(Px⊃(∃y)Lxy)

类似地，“每人有所想之物”可以被翻译为：

(∀x)(Px⊃(∃y)Txy)

下面是对这个公式的解释。任意选取一个事物，如果它是一个人，那么就有一个事物是这个人所想之物。这是对每个人都有所想之物的恰当翻译。最后，还需要处理的是“如果一个人爱一个东西，他就会想着它”。这是一个更加难翻译的句子，因为它的形式并不是那么容易看出来。

为了给出其翻译，我们要考虑它断言的是什么。它说的是一个一般的原则：如果一个人爱一个东西，他就会想着它。这对任何人都适用，对任何他所想着的事物都适用。因此，我们可以先选择人和物，条件是这个人要爱这个物：

$$(\forall x)(\forall y)((Px\&Lxy)\supset\cdots)$$

如果我们选择 x 和 y，并且 x 是一个人，x 爱 y，那么，……。“……”要说的是 x 这个人想着 y 这个物。因此，我们可以这样填充：

$$(\forall x)(\forall y)((Px\&Lxy)\supset Txy)$$

需要注意的是，当我们说“一个东西”，有时表示的是一个存在量词（比如，我喜欢一个东西），有时表示的是一个全称量词（比如，如果我喜欢一个东西，我就想着它）。为了确定涉及的到底是哪种量词，我们必须考虑涉及的变元替换的到底是哪种类型。

表格 8.1 展示的是日常语言中的更多例句以及它们在谓词语言中的翻译。

**表格 8.1　日常语言语句及其在谓词语言中的翻译**

| 日常语言 | 谓词演算 |
| --- | --- |
| 所有的狗都是哺乳动物。 | $(\forall x)(Dx\supset Mx)$ |
| 有的猫是哺乳动物。 | $(\exists x)(Cx\&Mx)$ |
| 麦克斯爱所有人。 | $(\forall x)(Px\supset Lmx)$ |
| 有人爱所有人。 | $(\exists x)(Px\&(\forall y)(Ly\supset Lxy)$ |
| 每人都有所爱之人。 | $(\forall x)(Px\supset(\exists y)(Py\&Lxy))$ |

## 小结

谓词语言中用名字指称对象，用谓词表示属性和关系。

• 存在量词符号（$\exists$）让我们可以没有名字却能谈论事物。$(\exists x)Fx$ 说的是，有的对象具有属性 F；$(\exists y)(Gy\&Hy)$ 意味的是，有的对象既具有属性 G 又具有属性 H。

• 全称量词符号（$\forall$）让我们可以关于对象做出概括。$(\forall x)Fx$ 说的是，所有对象都具有属性 F；$(\forall y)(Gy\supset Hy)$ 意味的是，每个具有属性 G 的事物也具有属性 H。

## 习题

### 基础习题

**8.1**　请参照下面的词汇表，考虑下面的公式①～⑳说的是什么，并用日常语言进行翻译。

$a$=安西娅

$b$=布莱恩

$Gx = x$ 是一个地质学家

$Hx = x$ 是一个理发师

$Px = x$ 是一个人

$Lxy = x$ 比 $y$ 大

① $Ga$

② $\sim Hb$

③ $Ha \vee Gb$

④ $Ha \& Hb$

⑤ $Hb \& Gb$

⑥ $\sim Gb$

⑦ $Gb \supset Hb$

⑧ $Lab$

⑨ $\sim Lba$

⑩ $(\forall y)(Gy \supset Hy)$

⑪ $\sim(\forall x)(Gx \supset Hx)$

⑫ $(\forall x)(Gx \supset \sim Hx)$

⑬ $(\exists x)(Hx \& Px)$

⑭ $(\forall x)(Hx \supset Lxb)$

⑮ $(\forall x)(Px \supset (\exists y)(Py \& Lyx))$

⑯ $(\forall x)(Px \supset (\exists y)(Gy \& Lyx))$

⑰ $(\forall x)(Px \supset (\forall y)(Lyx \supset \sim Lxy))$

⑱ $(\exists y)(Py \& \sim Gy)$

⑲ $(\exists x)(Px \& (\forall y)(Py \supset Lxy))$

⑳ $(\forall x)(\forall y)(\forall z)(Lxy \supset (Lyz \supset Lxz))$

**8.2** 将下列语句进行形式化翻译（“没人”指“不存在一个人”，“有人”指“存在一个人”）。

① 布莱恩是一个人。

② 如果布莱恩是一个理发师，他就不是一个地质学家。

③ 如果布莱恩不是一个地质学家，安西娅就也不是。

③ 没人是一个地质学家。

⑤ 每个人都是地质学家。

⑥ 如果一个东西是地质学家，它一定是一个人。

⑦ 有的地质学家是人。

⑧ 有的人是地质学家。

⑨ 有的地质学家是理发师。

⑩ 有的理发师不是人。

⑪ 有的不是人的东西不是地质学家。

⑫　有的理发师既是地质学家又是人。

⑬　如果安西娅是一个地质学家，她就会比有的人大。

⑭　如果一个东西是地质学家，它就比有的理发师大。

⑮　任何既是地质学家又是理发师的东西都不是人。

⑯　有的地质学家比任何理发师都大。

⑰　没有人既是一个地质学家又是一个理发师。

⑱　任何人都要比一个地质学家大。

⑲　每个地质学家都比每个理发师都要大。

⑳　每个比一个地质学家大的理发师都要比有的理发师大。

㉑　至少有一个地质学家，比至少一个理发师要大。

㉒　至少有一个地质学家比所有理发师都要大。

㉓　每个理发师都比安西娅和布莱恩都要大。

㉔　如果每个比安西娅大的东西都比布莱恩大，那么，安西娅比布莱恩大。

㉕　如果每个比安西娅大的东西都是一个地质学家，那么，安西娅比每个理发师都要大。

㉖　只有安西娅比一个地质学家大，她才比一个理发师大。

㉗　有的人比所有理发师都要大。

㉘　有的理发师不比任何地质学家大。

㉙　一个人是一个地质学家，只有他/她比布莱恩大，但不比安西娅大。

㉚　任何一个比一个地质学家大的理发师都比每个人大。

**8.3**　针对习题8.1中的量化公式，可以通过画箭头表示量词指向它所约束的变元，请用这种方式表示公式中量词的论域。

**8.4**　写出下面论证的形式。

①　布莱恩学习语言学。布莱恩加入了攀岩俱乐部。因此，布莱恩学习语言学，又加入了攀岩俱乐部。

②　有人学习语言学。有人属于攀岩俱乐部。因此，有人既学习语言学又属于攀岩俱乐部。

③　每种固体都可溶解于一种液体。因此，有一种每种固体都可溶解于其中的液体。

④　只有秘书和行政人员有资格获得优质窗口奖。伊恩有资格获优质窗口奖。因此，伊恩是秘书并且是行政人员。

⑤　一切东西都是物质的。因此，下面两个断言中恰有一个是正确的：(1)没有东西是物质的；(2)有的物质的东西是心理的，而所有心理的事物都是物质的。

⑥　有一个城里人，他为不给自己理发的城里人理发。因此，有一个为自己理发的城里人。

⑦　马是动物。因此，马头是动物的头。

⑧　完全平方数的平方根是自然数。没有一个自然数是分数。完全平方数之外

的自然数的平方根不是分数。因此，自然数的平方根都不是分数。

⑨　如果没有人为“乐施会”捐款，那么，就会有人死于饥饿。因此，有一个人，如果他或她不为“乐施会”捐款，就会死于饥饿。

⑩　查尔斯·道奇森（他用笔名“刘易斯·卡罗尔”写了《爱丽丝梦游仙境》）是一位逻辑学家。这是他出的一道习题：月光奏鸣曲正在演奏时，没有任何一个真正能欣赏贝多芬者会不保持沉默；豚鼠完全不懂音乐；月光奏鸣曲正在演奏时，没有任何一个完全不懂音乐者会保持沉默；因此，豚鼠并非真正能欣赏贝多芬。

## 高阶习题

**8.5**　欧几里得的《几何原本》包含许多几何证明和代数证明。有一个证明，其结论是存在无穷多个质数。证明思路如下：“如果存在最大的质数，那么，接着就会有一个数（比所有质数的乘积要大的数），它比最大的质数还要大，并且如果这个数不是质数，那么，（因为每个数都有一个质因数）就会再有一个数（这个数的质因数），它是一个质数并且比这个最大的质数还要大。因此，不存在最大的质数。”请写出该证明的形式。（这并不容易，但是还是可以完成的，请仅仅使用“……是一个数”“……比……大”“……是一个质数”这三个谓词。请不要将括号里的话翻译出来，这只是为了提示其中会涉及些什么细节。）

**8.6**　有不止一种方式定义谓词逻辑语言。有人允许公式可包含不被任何量词约束的变元。这些变元被称作自由变元。你能给出允许公式包含自由变元的理由吗？你能给出应该避免公式包含自由变元的理由吗？

哲学家从来不会在收益和诚实之间进行权衡，因为他们所做决定是一般性的，
而激情和想象力从来不会在对象上浪费时间。
——大卫·休谟（David Hume）

# 第 9 章

# 谓词逻辑的模型

若不对谓词演算语言中的公式进行解释，这种语言就没什么用途。我们已经知道如何用这种语言进行表达，但是，还没提供一种方法来检验论证形式，或者说没有提供模型使得公式具有真假。本章便引入模型，完成这项任务。

## 论域与外延

在本书的第一部分，我们不用担心谓词、名字、变元和量词，对命题的赋值是简单的，通过对原子命题分配真值，就可获得“世界可以是的样子”。

现在则需要做更多。我们必须对每个名字和谓词进行解释，必须知道如何处理变元和量词。我们的语言更加丰富，结构更加复杂。因此，我们的赋值也必将随之要求更多。

谓词演算语言的模型包含不止一个元素，也就是说：

> 一个谓词语言的模型包含一个论域 D。D 是一个包含对象的非空集合。

论域是所谈论对象构成的集合。如果我们在谈论数，那么，论域可能是{0，1，2，3，…}这样的集合。如果我们在谈论大学，论域可能是包含教师、学生和行政职工等的集合。如果我们在谈论整个世界，则论域会包含卷心菜、国王、桌子、椅子、电子、星系、经济体、交响乐等所有事物。

语言中的任何符号都不会通过论域直接获得解释。相反，论域是语言中所有符号能够获得解释的基础。首先，我们对语言中的名字进行赋值：

> 在模型中，每个名字 $a$ 被解释为论域 D 中的一个对象 I($a$)。I($a$)被称作 $a$ 的指称，或者 $a$ 的解释。

如果我们的论域是仅仅包含两个哲学家的集合{笛卡尔，康德}，并且我们的语言只有两个名字 $a$ 和 $b$，那么，对这些名字可以有四种不同的解释。一种解释可能是这样的：

I($a$)＝笛卡尔，I($b$)＝康德

就是说，$a$ 命名笛卡尔，$b$ 命名康德。我们也可以反过来使用这两个名字：

I($a$)＝康德，I($b$)＝笛卡尔

或者，我们也可以让 $a$ 和 $b$ 都命名笛卡尔，而康德没有名字：

I($a$)＝笛卡尔，I($b$)＝笛卡尔

这样对名字进行解释是允许的，没有任何规定要求不同的名字必须命名不同的对象

(人们确实会用不同的名字称呼同一个人——想一想一个人有不同的昵称),或对象必须拥有名字。基于这个论域还有最后一种解释:

$$I(a)=\text{康德},I(b)=\text{康德}$$

这便解释了如何通过论域对名字进行解释。现在考虑谓词。比如,"是一个哲学家"是一个一元谓词,可以将它形式化为P。再考虑论域{笛卡尔,康德,爱因斯坦}。

谓词P将这一论域划分为两部分:哲学家和非哲学家。笛卡尔和康德是哲学家,而爱因斯坦不是。因此,对于论域中的每个人而言,都会对应1和0两个真值中的一个,1和0表示这个人是或不是一个哲学家:

| | I(P) |
|---|---|
| 笛卡尔 | 1 |
| 康德 | 1 |
| 爱因斯坦 | 0 |

这个表格给出了谓词P的指称或者说解释。通过对论域中的对象分配真值,谓词P获得解释。

假如情况发生变化,比如,如果康德决定不进入哲学领域且爱因斯坦认为物理学不适合他,那么真值分配可能会发生变化:

| | I(P) |
|---|---|
| 笛卡尔 | 1 |
| 康德 | 0 |
| 爱因斯坦 | 1 |

对对象进行的每一次真值分配,都对应一元谓词的一个解释或者指称。一元谓词通过这种方式获得解释。

现在考虑诸如"……阅读过……的作品"的二元谓词。我们知道康德阅读过笛卡尔的作品,但是,反过来不成立。我不知道爱因斯坦阅读过谁的作品,或许他阅读过笛卡尔的作品,但没有阅读过康德的。他们每个人都阅读过自己的作品。不过,康德和笛卡尔都没有阅读过爱因斯坦的任何作品。因此,为了解释这样一个谓词R,我们有下面的表格:

| I(R) | 笛卡尔 | 康德 | 爱因斯坦 |
|---|---|---|---|
| 笛卡尔 | 1 | 0 | 0 |
| 康德 | 1 | 1 | 0 |
| 爱因斯坦 | 1 | 0 | 1 |

该表格的读法是观察行与列的交点的值。比如，为了检验康德是否阅读过笛卡尔的作品，就要观察康德行和笛卡尔列的交点的值。那里的值是 1，因此，根据该表格，康德阅读过笛卡尔的作品。因此，一般而言，我们通过分配真值给对象的有序对或二元序组完成对二元谓词的解释。对象的顺序对真值是有影响的。笛卡尔是否阅读过爱因斯坦的作品与爱因斯坦是否阅读过笛卡尔的作品是两个非常不同的问题。

类似地，通过分配真值给三元序组完成对三元谓词的解释。“与……相比……更喜欢……”是一个三元谓词。很明显，对它的解释很难用表格进行表示，因此我将不会用表格的方式进行举例。

我们不会考察更多三元谓词，但这算不上什么损失。如果想要对一个五元谓词进行解释，我们需要考虑对象的五元序组。一般而言，$n$ 个事物构成的序列被称作 $n$ 元序组。我们对谓词的一般解释规则如下：

通过对论域中的对象构成的所有 $n$ 元序组进行真值分配，$n$ 元谓词获得解释。

为了展示这种方法，让我们看一个简单的模型。语言中只包含两个名字 $a$ 和 $b$，一个一元谓词 P 和一个二元谓词 R。论域包含 3 个对象 **d**，**k** 和 **e**（它们对应的是更长的人名的缩写）。我们这样来解释名字和谓词：

$D = \{\mathbf{d}, \mathbf{k}, \mathbf{e}\}$

$I(a) = \mathbf{d}$

$I(b) = \mathbf{k}$

| | I(P) |
|---|---|
| **d** | 1 |
| **k** | 1 |
| **e** | 0 |

| I(R) | **d** | **k** | **e** |
|---|---|---|---|
| **d** | 1 | 0 | 0 |
| **k** | 1 | 1 | 0 |
| **e** | 1 | 0 | 1 |

通过这个语言我们可以写出哪些命题呢？比如，可以写出这样一个简单命题：

$$\mathrm{P}a$$

该命题说的是 $a$ 所命名的人具有 P 所规定的属性。$a$ 命名的是哪个人呢？是 **d**（笛卡尔）。I(P)的表格表示 P 所规定的属性。根据表格，**d** 行的值是 1，因此，$a$ 所命名的人具有 P 所规定的属性。P$a$ 是真的。

类似的思路可表明 P$b$ 也是真的。因此，下面的公式分别是假的、真的、假的：

$$\sim \mathrm{P}b,\ \mathrm{P}a \equiv \mathrm{P}b,\ \mathrm{P}a \supset \sim \mathrm{P}b$$

包含逻辑联结词的公式的赋值方式就像这样。

二元谓词获得解释的方式类似。因此，公式：

$$\mathrm{R}ab$$

是假的，因为$\langle \mathbf{d}, \mathbf{k} \rangle$在表中对应位置的值是 0。读者可以自行检验，在该解释下，下面公式都是真的：

$$\mathrm{R}ba,\ \mathrm{R}ab \vee \mathrm{R}ba,\ \mathrm{R}ab \equiv \sim \mathrm{R}ba$$

这让我们有了一些判定公式在模型下为真的一般规则：

(1) $\mathrm{F}a_1 \cdots a_n$ 是真的，当且仅当，I(F)分配 1 给$\langle \mathrm{I}(a_1), \mathrm{I}(a_2), \cdots, \mathrm{I}(a_n) \rangle$；

(2) $\sim$A 是真的，当且仅当，A 不是真的；

(3) A&B 是真的，当且仅当，A 和 B 都是真的；

(4) A∨B 是真的，当且仅当，A 是真的，或者 B 是真的；

(5) A⊃B 是真的，当且仅当，A 不是真的，或者 B 是真的；

(6) A≡B 是真的，当且仅当，A 和 B 都是真，或者 A 和 B 都是假的。

这些规则都是我们已经知道的。

## 量词

在我们的语言中，"每个人都阅读过笛卡尔的作品"被形式化为：

$$(\forall x)Rxa$$

并且它在我们的模型中是真的，因为每个对象与 **d** 构成的有序对都处于 I(R)关系中（请注意 I(R)表格中的 **d** 列信息）。然而，对这一事实进行一般说明却是困难的。一般而言，一个复杂公式的真假要依赖于用来构造它的那些公式的真假。那么，$(\forall x)Rxa$ 是由什么公式构造而来呢？它的一些示例有：

$$Raa, Rba$$

它们表示的是笛卡尔阅读过他自己的作品，康德阅读过笛卡尔的作品。但是，通过我们的语言我们无法说出爱因斯坦阅读过笛卡尔的作品，因为爱因斯坦并未获得名字。

克服这种困难的最简单的方法就是为爱因斯坦引入一个名字。针对爱因斯坦，已经有一个不错的候选，即"**e**"，我们可以用"**e**"来描述论域中的对象。因此，我们将"**e**"作为我们语言中的一个名字。事实上，针对任何诸如这样的论域：

$$\{\mathbf{d}, \mathbf{k}, \mathbf{e}\}$$

我们都将为论域中的每个对象引入一个新的名字（这样，我们能确保每个对象都有一个名字，无论语言自身拥有怎样的名字）：

$$d, k, e$$

我们将用加粗的方式来书写论域中的元素，用斜体来书写它们的名字。[①] 若用于书面表达，还可以用加下划线的方式表示论域中的元素，比如$\{\underline{d}, \underline{k}, \underline{e}\}$。为论域中每个元素引入的名字将被称作标准名。论域中的元素的标准名总是指称该元素。比如，$I(k)=\mathbf{k}$，$I(e)=\mathbf{e}$。这样，为了检验诸如 $(\forall x)Rxa$ 的量化公式的真假，我们只需考察它的每个示例。先去掉量词，再用标准名去替换量词约束的变元（这里是 x），便得到了一个公式的示例。$(\forall x)Rxa$ 的示例是：

$$Rda, Rka, Rea$$

它们都是真的。因此，该全称量化公式是真的。我们再看一个稍微复杂一些的命题：如果你阅读过康德的作品，那么你是一个哲学家。这被量化为：

$$(\forall x)(Rxb \supset Px)$$

---

① 译者注：原文是"我们将用无衬线体来书写论域中的元素"，为方便中文排版，选用黑体进行替代。

我们如何为这个公式赋值呢？全称量词表达的是 $Rxb \supset Px$ 对论域中的每个对象都适用。因此，该公式为真，当且仅当：

$$Rdb \supset Pd, Rkb \supset Pk, Reb \supset Pe$$

都是真的。

读者可以检验一下，它们确实都是真的。Px 的唯一的一个假的示例是 $Pe$。不过，与之对应的 $Reb$ 也是假的(爱因斯坦并没有阅读过康德的作品)。因此，$Rxb \supset Px$ 的每个示例都是真的，因此，该全称量化式也是真的。

这样便有了对量化公式进行赋值的一般规则。[①]

我们已经知道全称量词的规则，存在量词的规则是类似的：

(1) $(\forall x)A$ 是真的，当且仅当，对论域 D 中的任意对象 $a$，$A(x:=a)$都是真的；

(2) $(\exists x)A$ 是真的，当且仅当，论域 D 中有一个对象 $a$ 使得 $A(x:=a)$是真的。

全称量化公式为真，仅当它的每个示例都是真的。存在量化公式为真，仅须有一个示例是真的。

关于这些规则的最后一个需要注意的细微之处是，必须清楚如何找出示例。前面说过，我们通过两个步骤获得诸如$(\exists x)A$ 的量化公式的示例：先去掉公式中的量词，再用名字替换 x，得到 $A(x:=a)$。这是对的，但是要注意，A 中只有部分 x 需要被替换。你只能替换$(\exists x)A$ 中那些被外面的量词约束的变元。再看一个例子。考虑下面的公式：

$$(\exists x)(Fx \vee \sim(\forall x)Fx)$$

该公式的一个示例是 $Fa \vee \sim(\forall x)Fx$。但是，$Fb \vee \sim(\forall x)Fb$ 却不是，因为原来公式中第二次出现的 Fx 被里面的全称量词约束，不被外面的存在量词约束。

我们将用一个更为复杂的公式作为例子来结束这一部分。

$$(\forall x)(Rxa \supset (\exists y)(Py \& Ryx))$$

这说的是如果你阅读过笛卡尔的作品，那么，就有一个哲学家阅读过你的作品。这是一个包含嵌套量词的公式。量词$(\exists y)$在外面的量词$(\forall x)$的辖域内。该公式是一个全称量化公式(全称量词是主量词)，我们先来看它的示例。

它们是：

$$Rda \supset (\exists y)(Py \& Ryd), Rka \supset (\exists y)(Py \& Ryk), Rea \supset (\exists y)(Py \& Rye)$$

需要注意的第一点是，这些条件句的前件都是真的(每个人都阅读过笛卡尔的作品)。因此，为了使得这些示例是真的，我们需要它们的后件也是真的。我们分别进行验证。第一个是$(\exists y)(Py \& Ryd)$，而它的示例是：

---

① 译者注：从作者对全称量化式和存在量化式的为真条件规定，可以看出，作者没有使用斜体标记法(比如 **k** 对应 $k$)构造标准名，而是采用同一记法，即将一个对象与其标准名不做任何区分(比如 $a$ 的标准名为 $a$)。在下一章的元定理证明中，作者采用的也是这种表示方法。译者认为，这种方法确实是更加简洁的。引入标准名的目的是让每个对象拥有一个名字。最好用极少资源完成此目标，在语言和模型给定的情况下，最好不要引入新的东西(不要扩张论域，也不要扩张语言)。这里的这种标准名构造方法，相当于将对象本身当作名字，这完全是为了处理量化公式的真假而设计，能够确保每个对象拥有一个标准名，且唯一。相对而言，确实依赖的资源是最少的，处理起来也更为方便。当然，无论是斜体记法还是同一记法，都只是方便程度不同而已，没有本质区别。

$$Pd\&Rdd, Pk\&Rkd, Pe\&Red$$

需要至少有一个示例是真的，这里的前两个都是真的，因此，$(\exists y)(Py\&Ryd)$是真的。第二个是$(\exists y)(Py\&Ryk)$，它的示例是：

$$Pd\&Rdk, Pk\&Rkk, Pe\&Rek$$

这里的第二个示例是真的，因此，该公式为真。最后一个公式是$(\exists y)(Py\&Rye)$，它的示例是：

$$Pd\&Rde, Pk\&Rke, Pe\&Ree$$

这里没有任何一个示例是真的。前两个示例是假的，因为 $Rde$ 和 $Rke$ 是假的（笛卡尔和康德都没阅读过爱因斯坦的作品）。最后一个示例也是假的，因为 $Pe$ 是假的（爱因斯坦不是一个哲学家）。因此，$(\exists y)(Py\&Rye)$是假的。因此，$Rea\supset(\exists y)(Py\&Rye)$是假的。这是最初的公式的一个示例，因此，$(\forall x)(Rxa\supset(\exists y)(Py\&Ryx))$是假的。

以上对于$(\forall x)(Rxa\supset(\exists y)(Py\&Ryx))$为假的说明是相当繁琐的。如果论域是有穷的话，有一个更简便的方法。

我们可以选择将一个量化公式翻译为一个不包含量词的等值式，而不受量词困扰。方法也简单：

> 对一个有穷论域而言，$(\forall x)A$ 等值于它的示例的合取，$(\exists x)A$ 等值于它的示例的析取。

现在来考虑$(\forall x)(Rxa\supset(\exists y)(Py\&Ryx))$。它的示例的合取是：

$$(Rda\supset(\exists y)(Py\&Ryd))\&((Rka\supset(\exists y)(Py\&Ryk))\&(Rea\supset(\exists y)(Py\&Rye)))$$

（我将右面两个示例合取括了起来，读者也可以将左面的两个示例括起来，合取的顺序并不重要，因为结果都是等值的。）该公式包含三个存在量词，它们又等值于析取式，如下所示：

$$(Rda\supset((Pd\&Rdd)\vee((Pk\&Rkd)\vee(Pe\&Red))))\&$$
$$((Rka\supset((Pd\&Rdk)\vee((Pk\&Rkk)\vee(Pe\&Rek))))\&$$
$$(Rea\supset((Pd\&Rde)\vee((Pk\&Rke)\vee(Pe\&Ree)))))$$

我们可以根据赋值规则读出每个原子公式的值，然后，根据经典的真值表规则计算出整个公式的真值。

但有时这种“翻译”方法并不奏效。如果所涉论域是无穷的，那么，就没办法将量化公式自动分析成一个对应的命题型公式。我们必须手动完成赋值。看一个例子。假设我们在做关于数的推理，论域是 $D=\{\mathbf{0},\mathbf{1},\mathbf{2},\mathbf{3},\mathbf{4},\cdots\}$，即由有穷可数的数构成的集合。二元谓词 S 可被解释为“……比……小”。

它对应如下表格：

| I(S) | **0** | **1** | **2** | **3** | **4** | … |
|---|---|---|---|---|---|---|
| **0** | 0 | 1 | 1 | 1 | 1 | … |
| **1** | 0 | 0 | 1 | 1 | 1 | … |

| I(S) | **0** | **1** | **2** | **3** | **4** | … |
|---|---|---|---|---|---|---|
| **2** | 0 | 0 | 0 | 1 | 1 | … |
| **3** | 0 | 0 | 0 | 0 | 1 | … |
| **4** | 0 | 0 | 0 | 0 | 0 | … |
| … | … | … | … | … | … | … |

以上是表格的部分内容，但我希望你们能理解我的意思。我们用如下数字：

$$0,1,2,3,4,\cdots$$

来命名数，而没有用字母，因为在这个语境下它们完全是合格的名字。现在考虑公式：

$$(\forall x)S0x$$

的赋值。我们来检查是否它的所有的示例都是真的。这很简单：并非每个示例都是真的，因为 S00 是一个假的示例。因此，$(\forall x)S0x$ 是假的。再看一个更复杂的例子：

$$(\forall x)(\exists y)Sxy$$

它是真的，当且仅当，下面示例都是真的：

$$(\exists y)S0y,(\exists y)S1y,(\exists y)S2y,(\exists y)S3y,\cdots$$

就是说，无论 $n$ 是 0，1，2，…中的任何一个，$(\exists y)Sny$ 都一定是真的。为此，至少有一个 $Sny$ 的示例是真的。这很简单，为 y 取一个比 $n$ 更大的数即可。这保证了对任意一个 $n$ 而言，$(\exists y)Sny$ 都是真的。因此，$(\forall x)(\exists y)Sxy$ 在我们的模型下是真的。

再看最后一个例子。考虑：

$$(\forall x)(\forall y)(\forall z)((Sxy\&Syz)\supset Sxz)$$

该公式是真的，当且仅当，对任意的数 $l,m,n$，示例 $(Slm\&Smn)\supset Sln$ 都是真的（我们相当于将三个全称量词一次性处理了）。而如果你有三个数，第一个比第二个小，第二个比第三个小，那么第一个一定比第三个小。因此，这些示例一定都是真的。继而最初的公式也是真的。

基于公式在模型下为真（或可满足性）的条件定义，我们获得与命题逻辑一样的有效性定义：

*$X\models A$，当且仅当，每个满足 X 中所有公式的模型都满足 A。*

对谓词逻辑而言，判定有效性是相当困难的，因为存在太多的模型需要去检验，这是一个令人遗憾的事实。为了表明 $X\models A$，我们必须表明不存在一个模型同时满足 X 和～A。这意味着，不存在一个论域大小为 1，为 2，为 3，为 4……的模型具有如此特征。考察完所有的有穷论域后，还需要检查所有的无穷论域。

## 构造模型

针对一个论证形式，如果想证明它是无效的，就需要构造一个模型，并说明在该模型下前提为真而结论为假。本节将展示一个简单的方法。我们先考虑需要多大的论域，然后考察是否能够基于那样的论域来构造一个模型使得前提真而结论假。

如果我们选择的论域较小，便可考虑构造一个解释，将量词“翻译”掉。比如，假设我们需要检验从(∀x)(∃y)Rxy 到(∃x)(∀y)Ryx 的论证形式，论域是二元素论域{**a**,**b**}。我们引入 **a** 和 **b** 的标准名 *a* 和 *b*。然后，对前提和结论中量化公式进行替换。前提(∀x)(∃y)Rxy 变成(∃y)R*a*y&(∃y)R*b*y，进而变成(R*aa*∨R*ab*)&(R*ba*∨R*bb*)。类似地，结论变成(R*aa*&R*ba*)∨(R*ab*&R*bb*)。

现在(基于这个论域)若想找到一个模型使得前提真而结论假，我们只需处理等值的命题型公式即可。下面是相应的一棵树。

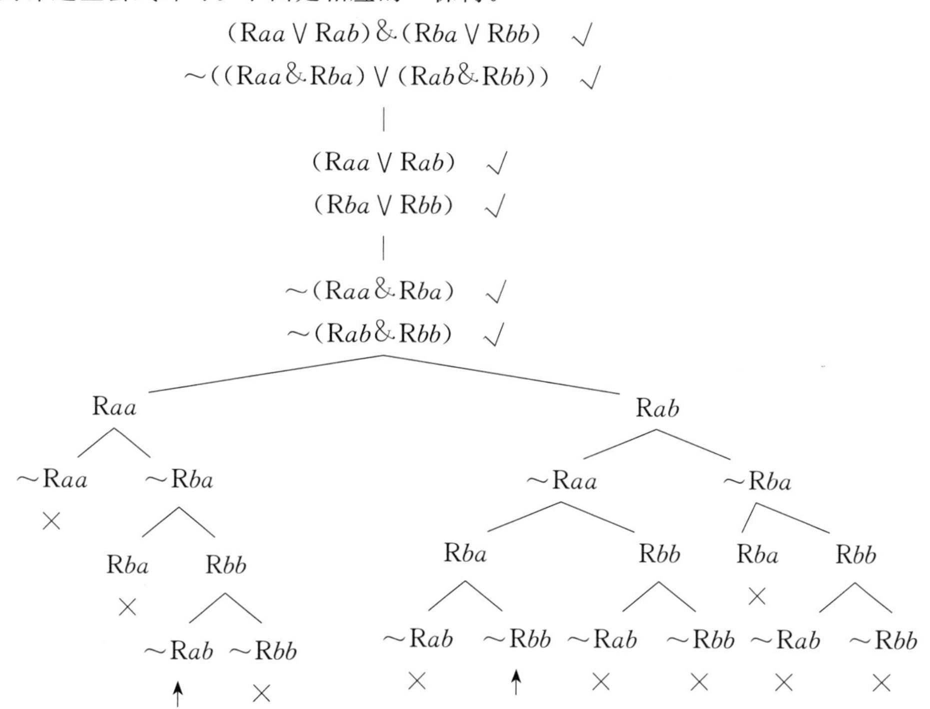

这棵树包含两个开放的枝。两个开放的枝代表两种不同的使得前提为真而结论为假的方法。(从下往上读)左面开放的枝给出的是：

~R*ab*,R*bb*,~R*ba*,R*aa*

右面开放枝给出的是：

~R*bb*,R*ba*,~R*aa*,R*ab*

两个枝给出的是两个不同的模型。我们找到这些命题，并利用它们给出二元谓词 R 的解释，针对 I(R)得到两个不同的表格。左边的表给出的是第一个解释，右边的表给出的是第二个解释。

| I(R) | **a** | **b** |
|---|---|---|
| **a** | 1 | 0 |
| **b** | 0 | 1 |

| I(R) | **a** | **b** |
|---|---|---|
| **a** | 0 | 1 |
| **b** | 1 | 0 |

两个表格给出的模型都满足前提但不满足结论。翻译出一个公式是非常繁琐的，尤其是当我们有较多名字的时候(实际上只要超过两个就足够繁琐了)。另外一种在大小不变的论域中验证论证的方法是通过画树。在假设给定了论域大小的情况下，我们可以为每个量词引入一些简单的树的规则。

1）肯定的存在量化

若消解形如(∃x)A 的公式，对每个包含该公式的开枝进行拓展，拓展生成的分叉节点上分别是(∃x)A 所有示例。对于{**a**,**b**,**c**}这样的三元素论域，我们有这样的规则：

(∃x)A

A(x:=$a$)　A(x:=$b$)　A(x:=$c$)

该规则的依据是简单的。如果(∃x)A 是真的，那么，A 的某个示例一定是真的。我们让每个枝代表其中一个可能性。

2）否定的存在量化

若消解形如～(∃x)A 的公式，针对每个出现该公式的开枝，拓展生成节点，纵列排布(∃x)A 的每个示例的否定。对于{**a**,**b**,**c**}这样的三元素论域，我们有：

～(∃x)A

|

～A(x:=$a$)

～A(x:=$b$)

～A(x:=$c$)

这里的依据是类似的。如果～(∃x)A 是真的，那么，所有 A 的示例都不会是真的。因此，每个～A 的示例都是真的。全称量词的规则是类似的。

3）肯定的全称量化

若消解形如(∀x)A 的公式，针对每个该公式出现的开枝，拓展生成节点，纵列排布(∀x)A 的每个示例。对于{**a**,**b**,**c**}这样的三元素论域，我们有：

(∀x)A

|

A(x:=$a$)

A(x:=$b$)

A(x:=$c$)

4）否定的全称量化

若消解形如～(∀x)A 的公式，对每个包含该公式的开枝进行拓展，拓展生成的分叉节点上分别是(∀x)A 的每个示例的否定。对于{**a**,**b**,**c**}这样的三元素论域，我们有这样的规则：

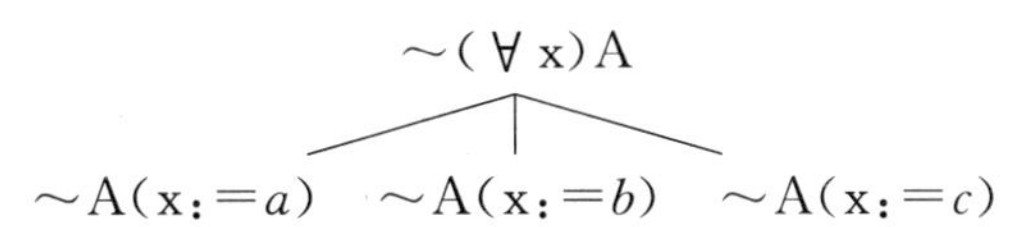


下面用一个例子来展示这些规则。我们来检验从(∀x)(Fx⊃Gx)和(∃x)～Gx到(∃x)～Fx的论证形式,模型是四元素模型,具体表现为下面一棵树。树是封闭的,因此,该论证形式不具有论域大小为4的反模型(在树快完成的时候,我选择灵活运用规则使得树的长度比机械操作所得的结果更短些。比如,在～G*b*下,只有～F*b*和G*b*分叉。而在～G*a*下,也只有～F*a*和G*a*分叉。但是,我们本应该让～G*b*这里也出现～F*a*和G*a*分叉。毕竟,根据F*a*⊃G*a*的消解规则,消解操作应该发生在该公式出现的所有开放的枝上。但在这棵树中,我并没有这样做,因为在其他的枝上进行～F*a*和G*a*的分叉会徒增复杂性。这棵树的每个枝都是封闭的,若引入～F*a*和G*a*则对消解没有任何帮助。如果树不是走向封闭的话,我们便要严格应用规则。如果真是那样的话,我们要认真谨慎地应用生成规则,特别是对开放的枝)。

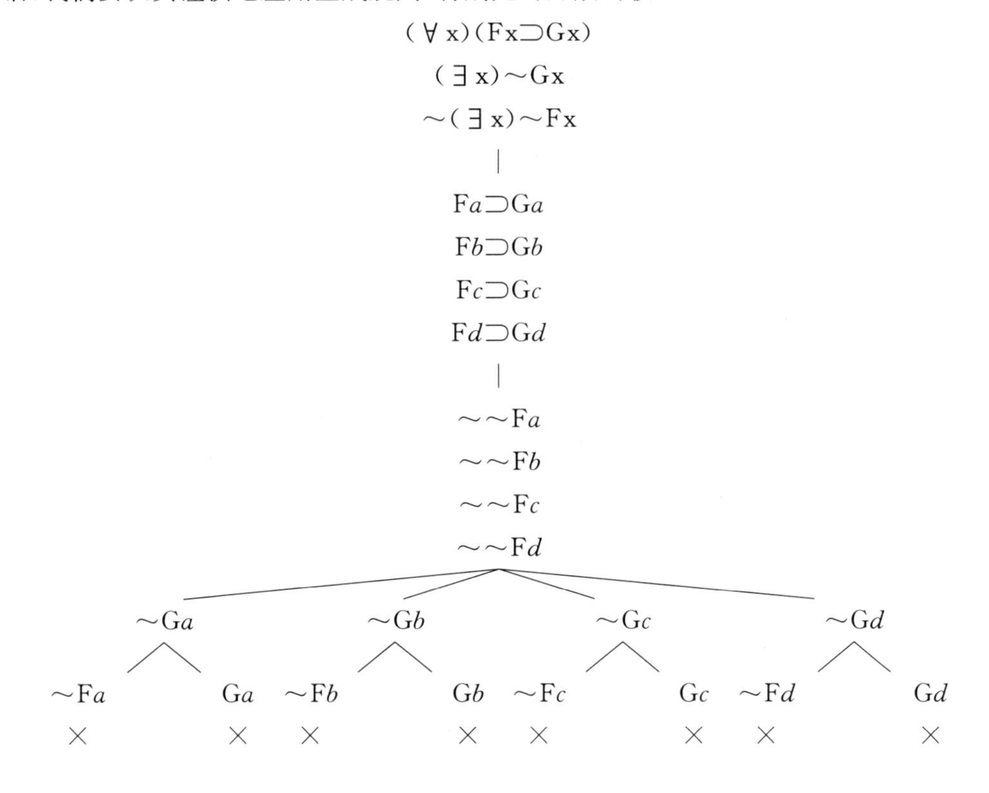


## 何时有穷论域够用

针对以上论证形式,获知它不具有论域大小为4的反模型时,这的确是个好消息。但是,这并不能表明该论证形式是有效的,我们还需要去检查不同大小的其他论域。在第10章,我们将介绍针对量化公式的树的生成规则,届时将不需要预设论域大小,我们将会拥有一种判定一阶谓词逻辑论证形式有效性的方法。

不过，在结束本章之前，我们还要展示，在某种特殊情况下，检查一个有穷的模型将足以说明一个论证形式是有效的。若一个论证形式是一元的（就是说，该论证形式包含的每个谓词都是一元的），并且包含 $n$ 个不同的谓词，那么，我们可以就一个有穷论域对该论证形式进行检验，如果不存在如此大小论域的反模型，那么就没有任何反模型。

> 一个包含 $n$ 个一元谓词的论证形式是有效的，当且仅当，它不具有论域大小为 $2^n$ 的反模型。

为何如此呢？这是因为每个一元谓词都将论域分成两类：具有该属性的和不具有该属性的。既然有 $n$ 个一元谓词，那么，它们将对论域进行 $n$ 次分类（每次都分为两类），因此，一个对象会具有 $2^n$ 种可能的属性分配情况。

更准确地讲，我们假设有一个论域为 D 的解释 I，它满足 X 中的所有公式，但是不满足公式 A。对于论域 D 中的元素 **a** 和 **b**，如果语言中的每个谓词分配给 **a** 和 **b** 的真值是完全一样的，我们称 **a** 和 **b** 是同类项。论域 D 至多可划分出 $2^n$ 个同类项组。现在我们从每个同类项组中选出一个元素，形成一个新的论域 $D^*$。$D^*$ 至多包含 $2^n$ 个元素。对原论域 D 中的任何一个元素 **b**，**b** 的代表是被选入新的论域 $D^*$ 中的它的同类项。我们将基于这个新的论域 $D^*$ 构造一个新的解释 $I^*$，$I^*$ 将和 I 恰恰满足相同的公式。构造方法很简单：

(1) 对 $D^*$ 中的任何对象 **a**，$I^*$(F)分配给 **a** 的真值与 I(F)分配的相同。

(2) 对任意名字 $c$，如果 I($c$)＝**a**，那么，$I^*$($c$)＝**b**，其中 **b** 是 **a** 的代表。

那么，一般地，F$a$ 是真的（在 I 下），当且仅当，F$b$ 是真的（在 $I^*$ 下），其中 **b** 是 **a** 的代表。这将能保证：对任意公式 A，I(A)＝$I^*$(A)。我们的假设是，I 是从 X 到 A 的论证形式的一个反模型，因此，基于论域 $D^*$ 的新模型同样是它的一个反模型。不过，$D^*$ 中对象的个数最大是 $2^n$（如果论域 $D^*$ 中的对象个数小于 $2^n$，我们可以通过数次复制某个对象，确保论域中恰恰有 $2^n$ 个对象。一个模型中的对象的复制物是与原对象一样可完全满足相同谓词的不同对象。增加复制物到一个模型，不会改变公式在模型中的真假）。

将这个结果应用到从（∀x)(Fx⊃Gx)和（∃x)～Gx 到（∃x)～Fx 的论证形式，可知该论证形式是有效的，因为我们通过画树表明，不存在论域基数为 4 的反模型。

## 小结

- 谓词演算的模型基于一个论域，一个非空的对象集合 D。
- 在模型中，名字 $a$ 的解释是论域 D 的一个元素，记作 I($a$)。
- 通过对论域 D 中的对象构成的所有 $n$ 元序组进行真值分配，$n$ 元谓词 F 获得解释，记作 I(F)。
- (∀x)A 在一个模型中是真的，当且仅当，它的所有示例都是真的。因此，对有穷论域而言，(∀x)A 等值于它的所有示例的合取。

• $(\exists x)A$ 在一个模型中是真的，当且仅当，至少它的一个示例是真的。因此，对有穷论域而言，$(\exists x)A$ 等值于它的所有示例的析取。

• $X \models A$，当且仅当，满足 X 中所有公式的模型都满足 A。

• 一个包含 $n$ 个一元谓词的论证形式是有效的，当且仅当，它不具有论域大小为 $2^n$ 的反模型。

# 习题

## 基础习题

**9.1**　I 是基于论域 D＝{**a**,**b**,**c**}的一个模型，如下表所示：

| | I(F) | I(G) |
|---|---|---|
| **a** | 0 | 1 |
| **b** | 1 | 1 |
| **c** | 1 | 0 |

| I(T) | **a** | **b** | **c** |
|---|---|---|---|
| **a** | 0 | 1 | 0 |
| **b** | 1 | 0 | 1 |
| **c** | 0 | 1 | 0 |

判定下面公式的真假：

①　$(\forall x)(Tax \supset Gx)$，其中 $I(a)=\mathbf{a}$

②　$(\forall x)(\forall y)(Txy \supset Tyx)$

③　$(\forall x)(\forall y)(Txy \supset (Tyx \& \sim Fx))$

③　$(\exists x)(\forall y)((Txy \& Fy) \supset (Gxy \& Txy))$

⑤　$(\forall x)(\forall y)((\exists z)(Txz \& Txy) \supset (\exists z)(Tyz \& Tzx))$

**9.2**　论域 D 为{**1**,**2**,**3**,…}，谓词 S 代表"……比……小"，谓词 D 代表"……整除……"，它们的解释如下表所示：

| I(S) | **1** | **2** | **3** | **4** | … |
|---|---|---|---|---|---|
| **1** | 0 | 1 | 1 | 1 | … |
| **2** | 0 | 0 | 1 | 1 | … |
| **3** | 0 | 0 | 0 | 1 | … |
| **4** | 0 | 0 | 0 | 0 | … |
| … | … | … | … | … | … |

| I(D) | **1** | **2** | **3** | **4** | … |
|---|---|---|---|---|---|
| **1** | 1 | 1 | 1 | 1 | … |
| **2** | 0 | 1 | 0 | 1 | … |
| **3** | 0 | 0 | 1 | 0 | … |
| **4** | 0 | 0 | 0 | 1 | … |
| … | … | … | … | … | … |

（如果 **m** 整除 **n**，那么，$Dmn$ 是真的）下面哪些公式是真的？

①　$(\forall x)(D2x \supset D4x)$

②　$(\forall x)(\forall y)(Dxy \vee Dyx)$

③　$(\forall x)(\exists y)(Dxy \& Dyx)$

④　$(\exists x)(\exists y)(Dxy \& \sim Dyx)$

⑤ (∃x)(∀y)(Dxy∨Syx)

⑥ (∃x)(∀y)(Syx⊃Dyx)

⑦ (∀x)(∃y)(Sxy&Dyx)

⑧ (∀x)(∀y)(Sxy⊃～Dyx)

⑨ (∃x)(∀y)(Dxy⊃(∃z)(Szx&Dzy))

⑩ (∃x)(∀y)Dyx⊃(∀x)(∀y)Dxy

**9.3** 使用论域大小为 2 的模型检验下列公式，方法不限。哪些公式在所有模型下为真？哪些公式在有的模型下为假？找出那些拥有反模型的公式，并通过对 F 和 G 进行真值分配的方式提供一个反模型。

① (∀x)(Fx⊃Gx)∨(∀x)(Fx⊃～Gx)

② (∀x)(Fx⊃(Gx∨～Gx))

③ (∃x)Fx∨(∃x)～Fx

③ (∀x)(Fx∨～Fx)

⑤ (∀x)Fx∨(∀x)～Fx

⑥ (∀x)Fx∨(∃x)～Fx

⑦ (∀x)Fx⊃(∃x)Fx

⑧ (∃x)(Fx⊃(∀y)Fy)

⑨ (∀x)(Fx⊃(∀y)Fy)

⑩ (∀x)Fx⊃(∃y)Fy

**9.4** 使用论域大小为 3 的模型验证下面论证形式。对于无效的论证，通过表格的方式提供一个反模型。

① (∀x)(Gx⊃Hx)，所以，(∀x)(～Gx⊃～Hx)。

② (∀x)Gx⊃(∀x)Hx，所以，(∀x)(Gx⊃Hx)。

③ (∀x)Gx&(∀x)Hx，所以，(∀x)(Gx&Hx)。

④ (∃x)(Gx≡Hx)，所以，～(∀x)(Gx⊃Hx)。

⑤ (∃x)(Gx&Hx)，所以，(∃x)Gx&(∃x)Hx。

⑥ (∀x)(Gx⊃(∀y)Hy)，所以，(∀x)(Gx⊃Hx)。

⑦ (∀x)(Gx⊃Hx)，(∀x)Gx，所以，(∀x)Hx。

⑧ (∀x)(Gx⊃Hx)，(∃x)Gx，所以，(∃x)Hx。

⑨ (∀x)(Gx⊃～Hx)，所以，(∃x)(Gx&～Hx)。

⑩ (∃x)(Gx&～Hx)，所以，～(∀x)(Gx⊃～Hx)。

## 高阶习题

**9.5** 对于一个包含 3 个名字的语言，一个大小为 4 的论域，对这些名字有多少种可能的解释？对于包含 $n$ 个名字的语言，一个大小为 $m$ 的论域，对这些名字有多少种可能的解释？

**9.6** 对于一个三元谓词，一个大小为 2 的论域，有多少个不同的模型？对于一个

$n$ 元谓词，一个大小为 $m$ 的论域，有多少个不同的模型？

**9.7**　对于一个包含 $n$ 个名字、$m$ 个一元谓词、$j$ 个二元谓词的语言，一个大小为 $k$ 的论域，有多少个不同的模型？

**9.8**　找到一个被所有有穷模型满足，但不被有的无穷模型满足的语句。（提示：它一定至少包含一个二元谓词。）

这毕竟是一个小世界。
——沃尔特·迪士尼(Walt Disney)

# 第 10 章

# 谓词逻辑的树

有穷模型工作是繁琐的，比如，若有 3 个或更多谓词，就必须用 8 个常元来展开量词。另外，若论证形式中含有元数大于 1 的谓词，那么，该方法就不适用。因此，我们需要其他方法处理量词。实际上，有一种可行方法，那就是树方法。当我们用树评价论证形式，就是在构建模型。我们无须再提前考虑模型中有多少对象，我们可以按需“引入新的对象”。

## 量词的树规则

为了处理量词，需要对树规则进行拓展，我们需要做的就是额外引入针对量词的规则。

1）肯定的存在量化规则

为了消解形如(∃x)A 的公式，针对每个出现该公式的开放的枝，用一个该枝以前从未出现的新名字构造一个 A 的示例，进行拓展。

(∃x)A

|

A(x:=$a$)，其中 $a$ 是新的名字

该规则对应的依据并不复杂。如果(∃x)A 是真的，那么，A 的某个示例一定是真的。我们并不知道哪个对象承担此功能，不能假设已经见到了这样的名字。因此，用一个新的名字，这样做是保险的。如果有一个模型满足(∃x)A，那么这个模型也能满足 A(x:=$a$)，因为可以选择将这个新名字 $a$ 解释为 A 对应的对象。

2）否定的存在量化规则

给定形如～(∃x)A 的公式，针对该公式出现的每个开放的枝，用任意名字构造 A 的示例，进行拓展。

～(∃x)A

|

～A(x:=$a$)，$a$ 是任意的名字

该规则对应的依据是类似的。如果～(∃x)A 为真，那么，没有任何事物真的被 A 描述，因此，每个事物都是～A。考虑～(∃x)A 时，不能假设所需名字都已经出现，因

此，一旦新名字被加到该枝中，便在该枝上添加一个对应的～A 的新示例。

肯定的全称量化规则的原理是类似的。

3）肯定的全称量化规则

给定一个形如(∀x)A 的公式，针对出现该公式的所有开放的枝，用任意名字构造 A 的示例，进行拓展。

(∀x)A

|

A(x：=$a$)，$a$ 是任意的名字

否定的全称量化规则与肯定的存在量化规则是类似的。

4）否定的全称量化规则

为了消解形如～(∀x)A 的公式，针对出现该公式的所有开放的枝，用一个该枝以前从未出现的新名字构造一个～A 的示例，进行拓展。

～(∀x)A

|

～A(x：=$a$)，$a$ 是新的名字

如前文所示，树的生成规则有两种类型。我们将肯定的存在量化规则和否定的全称量化规则称为特称规则，特称规则运用一次即可。这些规则为树引入一个新的名字，它命名一个个体对象。

类似地，我们将肯定的全称量化规则和否定的存在量化规则称为概称规则。概称规则可被重复运用。(∀x)A 和～(∃x)A 对应的示例总是允许被引入。它们一般适用于论域中的所有对象。

树的生成过程中，概称规则和特称规则的功能是不同的，正如分叉规则和纵列规则是不同的一样。

让我们用这些规则来检验一个论证形式，其前提是(∀x)(Fx⊃Gx)和(∃x)～Gx，结论是(∃x)～Fx。和之前一样，树起始于前提和结论的否定，我们开始于树根：

(∀x)(Fx⊃Gx)

(∃x)～Gx

～(∃x)～Fx

这三个公式都是复合公式，关于先用哪个规则，我们需要进行选择。概称规则适用于第一个公式和最后一个公式，即(∀x)(Fx⊃Gx)和～(∃x)～Fx。特称规则适用于中间的公式，即(∃x)～Gx。

我们将先使用特称规则，因为这将为后面运用概称规则提供一个可用来替换的名字。因此，在该枝上引入一个新的名字来消解存在量词。$a$ 是没有使用过的名字，用

它进行相应替换，对枝进行如下拓展：

$$
\begin{array}{c}
(\forall x)(Fx \supset Gx) \\
(\exists x)\sim Gx \quad \surd a \\
\sim(\exists x)\sim Fx \\
| \\
\sim Ga
\end{array}
$$

一旦我们用$\sim Ga$完成对树的拓展，就对原始公式$(\exists x)\sim Gx$打上钩，表示我们无须再考虑该公式。我们在钩的后面加个$a$，表示我们通过用名字$a$进行替换消解了该公式。这提示我们若运用其他的特称规则，我们就不能再用$a$，因为$a$现在已经在该枝上了。

不过，运用概称规则的话，我们可以用$a$进行替换，因为概称规则适用于论域中的每个对象。事实上，这就是我们马上要做的。现在有了$a$，我们将它替换进顶端的全称量词：

$$
\begin{array}{c}
(\forall x)(Fx \supset Gx) \quad \backslash a \\
(\exists x)\sim Gx \quad \surd a \\
\sim(\exists x)\sim Fx \\
| \\
\sim Ga \\
| \\
Fa \supset Ga
\end{array}
$$

我们在该公式的后面标记"$\backslash a$"，表示已经用$a$对树顶端的公式进行了替换。这提醒我们，我们不必再用$a$对其进行替换。下一步，我们将$a$替换进否定存在量化公式$\sim(\exists x)\sim Fx$：

$$
\begin{array}{c}
(\forall x)(Fx \supset Gx) \quad \backslash a \\
(\exists x)\sim Gx \quad \surd a \\
\sim(\exists x)\sim Fx \quad \backslash a \\
| \\
\sim Ga \\
| \\
Fa \supset Ga \\
| \\
\sim\sim Fa
\end{array}
$$

我们得到公式$\sim\sim Fa$。我们在第三行写"$\backslash a$"表示我们已经在这一行用$a$替换过。现在，我们可以来处理$\sim\sim Fa$，但那是浪费时间，因为我们可以通过消解条件句$Fa \supset Ga$快速实现封闭。

$$(\forall x)(Fx \supset Gx) \quad \backslash a$$
$$(\exists x)\sim Gx \quad \surd a$$
$$\sim(\exists x)\sim Fx \quad \backslash a$$
$$|$$
$$\sim Ga$$
$$|$$
$$Fa \supset Ga \quad \surd$$
$$|$$
$$\sim\sim Fa$$
$$\sim Fa \qquad Ga$$
$$\times \qquad \times$$

这样,该树封闭了,该论证形式是有效的。这里的推理是绝对通用的,它适用于任何模型。这棵树告诉我们,如果$(\exists x)\sim Gx$是真的,那么,一定有一个对象具有$\sim G$属性。不妨说,这个对象就是$a$。现在,既然$Fx \supset Gx$对每个对象都适用,它也适用于$a$,因此,我们有$Fa \supset Ga$。我们想让$\sim(\exists x)\sim Fx$为真,因此,必须让$\sim\sim Fa$也为真。但这三个要求是不一致的。无论一个模型的论域大小如何,都不能够使三个公式同时为真,论证思路是一样的。

与前一章用来检验该论证形式的三元素模型相比,该模型更简单。这棵树更小,而且更具一般性。它表明的是,任何模型都不会为该论证形式提供反例。

下面,我们用这些规则表明$(\forall x)(Fx \supset (\exists y)Fy)$是一个重言式。这意味着,它在任何模型中都是真的,无论模型的基数大小怎样。为了说明这一定是成立的,我们尝试去找一个它在其中为假的模型。树的构造并不复杂:

$$\sim(\forall x)(Fx \supset (\exists y)Fy) \quad \surd a$$
$$|$$
$$\sim(Fa \supset (\exists y)Fy) \quad \surd$$
$$|$$
$$Fa$$
$$\sim(\exists y)Fy \quad \backslash a$$
$$|$$
$$\sim Fa$$
$$\times$$

第一步是对否定的全称量词应用特称规则。这要求引入一个新名字$a$。我们知道$\sim(Fa \supset (\exists y)Fy)$一定是真的。这是对一个条件句的否定,为了使其为真,$Fa$和$\sim(\exists y)Fy$必须为真。但是,这个否定存在句与已知并不一致!我们有$Fa$,但将$a$替换到$\sim(\exists y)Fy$中得到$\sim Fa$会出现矛盾。因此,该公式在任何模型下都是真的,它是一个重言式。这是个好消息,因为该公式应该是一个重言式。它说的是,对给定的任何一个事物,如果它具有属性 F,那么,存在某物具有属性 F。这看起来应该是那种在每个模型上都为真的命题。

## 开放的树

我们现在看一棵不封闭的树。下面是用来证明 $(\exists x)Fx \& (\exists x)Gx \nvdash (\exists x)(Fx \& Gx)$ 的一棵树。这棵树是开放的:

$$
\begin{array}{c}
(\exists x)Fx \& (\exists x)Gx \quad \surd \\
\sim(\exists x)(Fx \& Gx) \quad \backslash a, b \\
| \\
(\exists x)Fx \quad \surd a \\
(\exists x)Gx \quad \surd b \\
| \\
Fa \\
| \\
Gb \\
| \\
\sim(Fa \& Ga) \quad \surd \\
\sim Fa \qquad \sim Ga \\
\times \qquad\quad | \\
\sim(Fb \& Gb) \quad \surd \\
\sim Fb \qquad \sim Gb \\
\uparrow \qquad\quad \times
\end{array}
$$

树中间的枝是开放的,并且该枝还是完成的,满足完成的枝的定义:

一个开放的枝是完成的,当且仅当,每个可消解的公式都已消解,且该枝上出现的每个名字都已经替换进该枝中的所有概称公式。(此外,至少有一个名字替换进该枝中的所有概称公式。)

这意味着什么?可以这样来理解:一个完成的开放的枝就是一个映射到其自身的世界。对每个出现在该枝上的存在量化公式 $(\exists x)A$,都有一个出现在该枝上的(被命名的)对象 $a$ 使得 $A(x:=a)$ 出现在该枝。类似地,对每个出现在该枝上的全称量化公式 $(\forall x)A$,对每个出现在该枝上的名字 $a$,$A(x:=a)$ 都出现在该枝上。这个枝描述了一种融贯的、一致的、完全的可能性,要使得该枝上的公式都为真,无需任何其他条件。

在这棵树中，唯一的概称公式是～(∃x)(Fx&Gx)，两个名字 $a$ 和 $b$ 都已经完成替换(上述定义中的括号里的附加条件是用来处理接下来会遇到的特殊情况，这里可暂时忽略)。

这棵树的中间的枝是完成的。因此，我们可以通过该枝上的原子公式读取信息生成一个模型。有两个名字 $a$ 和 $b$，我们就让我们的论域 D＝{**a**，**b**}。谓词 F 和 G 的解释通过原子公式信息直接读出。该枝包含 F$a$、～F$b$、～G$a$、G$b$。这告诉我们，对 F 和 G 的解释如下：

| | I(F) | I(G) |
|---|---|---|
| **a** | 1 | 0 |
| **b** | 0 | 1 |

这个解释足以让前提为真(存在一个对象是 F，且存在一个对象是 G)，而结论为假(没有对象既是 F 又是 G)。因此，树方法不但可以应用于命题逻辑，以相同的方式，也可以应用于谓词逻辑。封闭的树展示的是有效论证形式，完成的开放的枝带来的是反例。

但是，谓词逻辑的情况与命题逻辑并非完全一样。有时，从谓词逻辑公式生成的树不会停下来。生成规则会让树枝不断地拓展。我们要怎么处理这些情况呢？我们来看一个例子。

公式(∀x)(∃y)Lxy 是可被满足的吗？我们将生成一棵树进行检验。如下所示：

(∀x)(∃y)Lxy　\\$a$，$b$，$c$

|

(∃y)L$a$y　√$b$

|

L$ab$

|

(∃y)L$b$y　√$c$

|

L$bc$

|

(∃y)L$c$y　√$d$

|

L$cd$

⋮

这棵树的第一个有意思之处在于，为了开始画这棵树，我们必须引入一个名字替换进顶端的全称量词。这是允许的，因为我们知道每个论域都包含至少一个对象。因此，我们可以从给这个对象一个名字(这里是 $a$)开始,来启动画树任务。这是一个一般的规定:给定一个枝上的一个概称公式,只有至少一个名字替换进该公式,该枝才能完成。

这棵树的第二个显著特点是它会永远拓展下去。任何完成的枝(这棵树只会有一个枝)一定是无穷的。完成这棵树所得到的无穷的枝是很容易理解的。由于我们要使用无穷多个名字,所以如果我们不使用 $a$、$b$、$c$……而是使用不同的名字,如 $a_1$、$a_2$、$a_3$、$a_4$,等等,你会发现这个枝包含下面每一个这样的公式:

$$La_1a_2, La_2a_3, La_3a_4, \cdots, La_na_{n+1}, \cdots$$

$a_1$ 是替换进(∀x)(∃y)Lxy 的第一个名字。然后,有了(∃y)$La_1$y。再引入一个新的名字 $a_2$。进而,$a_2$ 替换进全称量词中,得到(∃y)$La_2$y。这样的过程不断重复,我们会看到名字 $a_n$ 和(∃y)$La_n$y,进而又有一个新名字 $a_{n+1}$,它依然要替换进全称量词中。这样的过程周而复始,没有穷尽。

我们可以将这棵树的信息用下面的表格进行概括:

| I(L) | $a_1$ | $a_2$ | $a_3$ | … |
|---|---|---|---|---|
| $a_1$ |  | 1 |  |  |
| $a_2$ |  |  | 1 |  |
| $a_3$ |  |  |  |  |
| … |  |  |  |  |

表格里的真值 1 通过枝上的 $La_na_{n+1}$ 给出。其他的空格没有填充,因为我们并没有获得任何这方面的信息。比如,该枝允许 $La_1a_1$,也允许 ~$La_1a_1$。因此,这个表格包含了该开放的枝的所有信息。任何与该表格一致的解释都会使(∀x)(∃y)Lxy 为真。比如,我们可以构造一个解释让所有其他的空位都为假:

| I(L) | $a_1$ | $a_2$ | $a_3$ | … |
|---|---|---|---|---|
| $a_1$ | 0 | 1 | 0 | … |
| $a_2$ | 0 | 0 | 1 | … |
| $a_3$ | 0 | 0 | 0 | … |
| … | … | … | … | … |

这个解释让我们检验的公式为真。我们再构造一个让其他的空位都为真的解释。

| I(L) | $a_1$ | $a_2$ | $a_3$ | … |
|---|---|---|---|---|
| $a_1$ | 1 | 1 | 1 | … |
| $a_2$ | 1 | 1 | 1 | … |
| $a_3$ | 1 | 1 | 1 | … |
| … | … | … | … | … |

这个解释同样满足我们检验的公式。我们还有更加简单的方法让该公式为真。比如，不必让 $a_1$、$a_2$、$a_3$ 等指称的对象 $\mathbf{a}_1$、$\mathbf{a}_2$、$\mathbf{a}_3$ 是不同的对象。我们构造最后一个解释，每个对象都与其他对象处于 L 关系中，并且与其他对象都是不可区分的。因此，完全可以定义如下一元素模型：

| I(L) | $\mathbf{a}_1$ |
|---|---|
| $\mathbf{a}_1$ | 1 |

一般而言，给定一棵树的一个完成的枝，我们需要识别出该枝的特点，然后，通过一个表格将该枝明确包含的信息进行展示。再构造一个与这些信息一致的解释，让该枝上的公式被满足。在这个过程中，允许该枝上的多个名字指称同一个对象，只要与该枝规定的不同"对象"相关信息一致即可。我们再来看一个例子以便理解这个最后的限制。下面，我们来检验公式 $(\forall x)(\exists y)(Lxy \& \sim Lyx)$ 的一致性。这与我们刚刚考虑的例子非常相似。该公式的一棵树如下（这里，直接使用名字 $a_1$、$a_2$、$a_3$ 等，因为这棵树会无穷拓展）。

$$(\forall x)(\exists y)(Lxy \& \sim Lyx) \quad \backslash a_1, a_2, a_3$$

$$|$$

$$(\exists y)(La_1 y \& \sim Lya_1) \quad \surd a_2$$

$$|$$

$$La_1a_2 \& \sim La_2a_1 \quad \surd$$

$$|$$

$$La_1a_2$$
$$\sim La_2a_1$$

$$|$$

$$(\exists y)(La_2 y \& \sim Lya_2) \quad \surd a_3$$

$$|$$

$$La_2a_3 \& \sim La_3a_2 \quad \surd$$

$$|$$

$$La_2a_3$$
$$\sim La_3a_2$$

$$|$$

$$(\exists y)(La_3 y \& \sim Lya_3) \quad \surd a_4$$

$$|$$

$$La_3a_4 \& \sim La_4a_3$$

$$\vdots$$

这棵树也是无穷拓展的。完成了的枝上包含如下信息。

$La_1a_2, \sim La_2a_1, La_2a_3, \sim La_3a_2, La_3a_4, \sim La_4a_3, \cdots, La_na_{n+1}, \sim La_{n+1}a_n$

下面表格呈现的是该枝明确包含的信息。

| I(L) | **a₁** | **a₂** | **a₃** | **a₄** | … |
|---|---|---|---|---|---|
| **a₁** | | 1 | … | | |
| **a₂** | 0 | | 1 | … | |
| **a₃** | | 0 | | 1 | … |
| **a₄** | | | 0 | … | |
| … | … | … | … | … | |

我们可以随意地填充空格，都会使公式(∀x)(∃y)(Lxy&～Lyx)被满足。比如，把空格都填充为0，获得如下解释：

| I(L) | **a₁** | **a₂** | **a₃** | **a₄** | … |
|---|---|---|---|---|---|
| **a₁** | 0 | 1 | 0 | 0 | … |
| **a₂** | 0 | 0 | 1 | 0 | … |
| **a₃** | 0 | 0 | 0 | 1 | … |
| **a₄** | 0 | 0 | 0 | 0 | … |
| … | … | … | … | … | |

如果我们意识到不是每个名字 $a_n$ 都需要命名一个不同的对象，我们便可构造一个有穷模型。不过，我们要谨慎。我们知道 $a_1$ 和 $a_2$ 必须命名不同的对象，因为我们有 $La_1a_2$ 和 $\sim La_2a_1$。同理，$a_1$ 和 $a_3$ 也必须命名不同的对象，因为我们有 $La_1a_2$ 和 $\sim La_3a_2$。一般而言，$a_n$、$a_{n+1}$ 和 $a_{n+2}$ 必须命名不同的对象。这是任何解释都必须满足的要求。除此之外，没有其他要求，比如，不要求 $a_1$ 和 $a_5$ 或 $a_2$ 和 $a_5$ 必须命名不同的对象。因此，我们可以用三个名字完成一组模型构造：

| I(L) | **a₁** | **a₂** | **a₃** |
|---|---|---|---|
| **a₁** | 0 | 1 | 0 |
| **a₂** | 0 | 0 | 1 |
| **a₃** | 1 | 0 | 0 |

这是使得公式(∀x)(∃y)(Lxy&～Lyx)被满足的最小的论域。

## 为何树方法可行

下面两个事实表明树方法是可行的。

1）事实 1

如果 X 是可满足的，那么在 X 的任意完成的树上，都有一个枝是开放的。就是说，如果 X $\not\models$，那么 X $\not\vdash$。这是可靠性定理。如果一个推理通过树方法可以得到证明，那么它就是有效的。

2）事实 2

如果 X 的一棵完成的树上有一个枝是开放的，那么 X 是可满足的。就是说，如果 X $\not\vdash$，那么 X $\not\models$。这是完全性定理。如果一个推理是有效的，那么它可以用树方法得到证明。

这两个事实与命题逻辑的证明结果是一样的。这些事实表明，谓词逻辑的树方法与我们定义的模型刚好匹配。对这些事实的证明并不会比命题逻辑的证明更难。最后，我们将展示这两个事实的证明过程，以此来结束这一章。

对事实 1 的证明如下：

如果 X 是可满足的，那么存在一个模型使得 X 中的所有公式都为真。让我们用 I 来表示该模型的解释函数。对于由出现在 X 中的原子公式构造而成的任意公式 A，我们用“I(A)”表示 I 分配给 A 的真值。因为 X 是可满足的，所以，如果 A 是 X 中的一个公式，那么 I(A)＝1。如果 A 是 X 中的公式的否定，那么 I(A)＝0。

与命题逻辑的情况一样，我们将展示在 X 的一棵完成的树上，有至少一个枝，该枝上的所有公式都被解释 I 所满足。这意味着该枝是开放的。它不会包含相互矛盾的一对公式 A 和～A，否则，它们就要同时被 I 满足，而这是不可能的。因此，如果我们找到这样的一个枝，我们便完成任务了——找到了一棵拥有开放的枝的树。

找到这样一个开放的枝是简单的。我们从树根开始，X 中的公式都在这里。根据假设，这些公式都被 I 所满足。对于任何的消解规则，如果被消解公式被 I 满足，那么，应用该规则后，至少生成一个上面所有公式都被 I 满足的枝。命题联结词的处理情况与之前一样。我们需要额外处理的是量词。为了进行下去，这里，我们需要对解释进行拓展，因为我们在语言中加入了名字。我们将证明，如果一个部分完成的枝上的所有公式被 I 满足，那么，存在一个解释 $I^*$，$I^*$ 可能是对 I 的拓展，由该部分完成的枝生成的枝中，至少有一个枝上面的所有公式被 $I^*$ 满足。

如果我们消解的公式是(∃x)A，那么，既然该公式出现在该部分完成的枝上，我们知道 I((∃x)A)＝1。根据消解规则，我们会将 A(x：＝$a$)加入该枝，相对该枝，$a$ 是一个新名字。I 并没有为 $a$ 提供解释。我们对 I 进行拓展使得 $a$ 获得解释。得到的新解释 $I_0$ 与 I 对其他符号的解释都是一样，不同的是，将 $a$ 解释为论域 D 中的某个元素。那么，我们应该选择什么对象作为 $I_0(a)$呢？我们需要确保的是 $I_0$(A(x：＝$a$))＝1。这不难。我们知道 I((∃x)A)＝1。因此，论域中有一个对象 $c$ 使得 I(A(x：＝$c$))＝

1。[①] 所以，我们就让 $I_0(a)=c$，这也就确保了 $I_0(A(x:=a))=1$。因为 $a$ 与 $c$ 的解释是一样的，都用来指称对象 $c$。

如果我们消解的是对全称量化式的否定，形如～(∀x)A，那么，我们有 I((∀x)A)=0。根据规则，需要将～A(x:=$a$)加入该枝，相对该枝，$a$ 是一个新名字。同样，I 并没有对 $a$ 进行解释。因此，我们将 I 进行拓展得到 $I_0$，$I_0$ 分配给 $a$ 一个指称。我们需要确保的是 $I_0(\sim A(x:=a))=1$，这不难。我们知道 I((∀x)A)=0，因此，论域中有一个对象 $c$ 使得 $I(A(x:=c))=0$。所以，我们就让 $I_0(a)=c$，这就确保了 $I_0(\sim A(x:=a))=1$。因为 $a$ 与 $c$ 的解释是一样的，都用来指称对象 $c$。

如果拓展规则应用到全称量化式(∀x)A，我们有 I((∀x)A)=1。根据规则，我们要将 A(x:=$a$)加入该枝，$a$ 是该枝上的任意名字。因为 I((∀x)A)=1，我们知道对任意名字 $a$，$I(A(x:=a))=1$。因此，加入进来的新公式 A(x:=$a$)同样被 I 满足。我们不必对 I 进行拓展。

如果拓展规则应用到存在量化的否定～(∃x)A，那么，我们知道 I((∃x)A)=0。根据规则，需要引入～A(x:=$a$)，$a$ 是该枝上的任意名字。因为 I((∃x)A)=0，所以，对任意名字 $a$，$I(A(x:=a))=0$。因此，加入的新公式～A(x:=$a$)同样被 I 满足。我们也不必对 I 进行拓展。

因此，如果树根上的公式即 X 中的公式，被一个解释 I 满足，那么，该树一定会有一个开放的枝，上面的公式被某个解释满足。所需解释未必就是 I，它可能是对 I 的拓展，拓展是为了确保根据特称规则拓展后引入的新名字能够获得解释。因此，该树将会是开放的。由此，我们证明了：如果 $X \not\models$，那么，$X \not\vdash$。

对事实 2 的证明如下：

假设 X 的一棵树的一个完成的枝是开放的。我们需要做的是，构造一个满足 X 以及该枝上所有公式的解释。构造过程与命题逻辑情况类似。解释的论域由出现在该枝上的名字构成。如果 $a$ 是该枝上的一个名字，我们令 $a$ 指称它自身：$I(a)=a$。用类似的方法确定谓词的解释。

如果 $Fa_1\cdots a_n$ 出现在该枝上，I(F)分配给 $\langle a_1,\cdots,a_n\rangle$ 的值是为真。如果 $\sim Fa_1\cdots a_n$ 出现在该枝上，I(F)分配给 $\langle a_1,\cdots,a_n\rangle$ 的值是为假（如果 $Fa_1\cdots a_n$ 及其否定都没有出现在该枝上，可以分配任何值）。这是一个一致的模型，因为该枝不是封闭的。

对于该枝上的公式，我们用归纳法证明：如果 A 出现在该枝上，I(A)=1，如果～A 出现该枝上，I(A)=0。原子公式 $Fa_1\cdots a_n$ 和 $\sim Fa_1\cdots a_n$ 的情况成立，因为 I 恰恰被如此定义以使其成立。命题联结词的情况同样可证，该情况和命题逻辑的情况一样。

对于全称量化式，如果(∀x)A 出现在该枝上，那么，A(x:=$a$)也出现在该枝上，$a$ 是出现在该枝上的任意名字（该枝是完成的枝）。根据归纳假设，对任意的 $a$，I(A(x:

① 译者注：作者这里采用了对象与其标准名统一的表示方法，而非对象用加粗表示而标准名用斜体的表示方法。

$=a$))=1。根据全称量化式为真条件规定，I((∀x)A)=1。

对于全称量化式的否定，如果～(∀x)A出现在该枝上，那么，～A(x：$=a$)会出现在该枝上，$a$是出现在该枝上的某个名字。根据假设，I(A(x：$=a$))=0。因此，根据全称量化式为真条件规定，I((∀x)A)=0。

存在量化及其否定的情况类似，留给读者自行证明。这样，我们证明了I满足出现在该枝上的所有公式，特别地，树根上的公式，即X中的公式都被I满足。换句话说，如果X $\not\vdash$，那么，X $\not\models$。

综上所述，树方法与我们定义的模型完美匹配。

通过树方法，现在我们有了足够的资源去分析谓词演算论证形式。在画树的过程中，使用规则的先后顺序没有特别规定，但是，为了使得树更小、更可控，下面是一些有用的建议：

(1) 记得规则总是作用到主联结词上。

(2) 如果可能的话，先使用命题型的规则。如果不会产生分叉的话，则更应如此。

(3) 然后，使用特称例示规则。

(4) 如果进行替换会得到有趣的结果的时候，就使用概称例示规则，比如，可能会封闭一个枝，或者产生一个模型。

(5) 若发现有一个枝看起来会无穷拓展，去寻找该枝的类型特点，然后，通过一个表格进行概括。

(6) 通过这样的表格来建构模型。如果你愿意的话，可以将其压缩为一个更小的模型。

## 进阶读物

豪森写的《树的逻辑》[12]针对量化公式提供了很好的例题。为了了解更多谓词逻辑的树理论，一定要读一读斯穆里安写的《一阶逻辑》[29]。该书富有真知灼见，作者对树方法的理解十分精辟。

## 习题

### 基础习题

**10.1** 用树方法检测下面公式。它们是重言式吗？对于不是重言式的公式，构造一个反模型。

① (∃x)Fx≡～(∀x)～Fx

② (∃x)Fx∨(∃x)～Fx

③ $(\forall x)(Fx \vee Gx) \supset ((\forall x)(Fx) \vee (\forall x)(Gx))$

④ $(\exists x)(Fx \supset p) \supset ((\forall x)(Fx) \supset p)$

⑤ $(\forall x)(Fx \supset Gx) \supset ((\forall x)(Fx) \supset (\forall x)(Gx))$

⑥ $(\forall x)(Fx \vee Gx) \supset ((\forall x)(Fx) \vee (\exists x)(Gx))$

⑦ $(\forall x)(Fx \& p) \supset ((\forall x)(Fx) \& p)$

⑧ $(\exists x)(Fx \supset (\forall y)Fy)$

⑨ $(\exists x)((\exists y)Fy \supset Fx)$

⑩ $(\exists x)(\forall y)(Fy \supset Fx)$

**10.2** 用树方法检验下面结果是否成立。如果不成立，构造一个反模型。

① $(\forall x)((Fx \& Gx) \supset Hx) \vdash (\forall x)(Fx \supset (\sim Gx \vee Hx))$

② $(\forall x)(\forall y)(Lxy \supset Mxy), (\forall x)(\forall y)(Lxy \supset Lyx) \vdash (\forall x)(\forall y)(Mxy \supset Myx)$

③ $(\forall x)(\exists y)Lxy \vdash (\exists x)(\forall y)Lxy$

④ $(\forall x)(\forall y)(Lxy \supset Lyx), (\forall x)(\forall y)(\forall z)((Lxy \& Lyz) \supset Lxz) \vdash (\forall x)((\exists y)Lxy \supset Lxx)$

⑤ $(\forall x)(\forall y)(Lxy \vee Lyx), (\forall x)(\forall y)(\forall z)((Lxy \& Lyz) \supset Lxz) \vdash (\forall x)(\forall y)(\exists z)(Lxz \& Lyz)$

**10.3** 检验习题 8.4 中所有的论证形式。

**10.4** 构造合适词汇表写出下面论证的形式，并判定论证形式的有效性。

(1) PS 是一个公理化系统。PS 的所有定理都是重言式。没有命题变元是重言式。没有命题变元是定理的公理化系统都是波斯特一致的(post-consistent)。因此，PS 是波斯特一致的。

(2) 如果所有的决策都归于核心权力，有的项目会被拖延。但是，所有的项目都获得了许可，并且所有获得许可的项目都不会被拖延。因此，并非所有决策都归于核心权力。

(3) 所有真的东西都不是假的，并且所有不假的东西都是真的。如果一个东西是假的，那么没人知道它。约翰有知道的东西(并且约翰是一个人)。因此，有的东西是真的。

**10.5** 二元关系 R 是自反的，当且仅当，$(\forall x)Rxx$；R 是对称的，当且仅当，$(\forall x)(\forall y)(Rxy \supset Ryx)$；R 是传递的，当且仅当，$(\forall x)(\forall y)(\forall z)((Rxy \& Ryz) \supset Rxz)$。通过证明下面结果表明并非所有自反且对称的关系都是传递的：

$$(\forall x)Rxx, (\forall x)(\forall y)(Rxy \supset Ryx) \nvdash (\forall x)(\forall y)(\forall z)((Rxy \& Ryz) \supset Rxz)$$

类似地，表明并非所有的自反且传递关系都是对称的，并非所有对称且传递的关系都是自反的。

**10.6** 二元关系 R 没有死点，当且仅当，$(\forall x)(\exists y)Rxy$。通过证明下面结果表明所有对称且传递且没有死点的关系都是自反的。

$(\forall x)(\forall y)(Rxy \supset Ryx), (\forall x)(\forall y)(\forall z)((Rxy \& Ryz) \supset Rxz), (\forall x)(\exists y)Rxy \vdash (\forall x)Rxx$

## 高阶习题

**10.7**　用下面的词汇表对下面两个公式进行翻译。

Mx：x 是男的；Fx：x 是女的；Oxy：x 是 y 的妈妈；Axy：x 是 y 的爸爸。

$$(\forall x)(Mx \supset (\exists y)(Fy \& Oyx)), (\forall x)(Fx \supset (\exists y)(My \& Ayx))$$

很明显，看起来这两个命题是一致的而且都是真的。每个男人都有（女性）母亲，每个女人都有一个（男性）父亲。通过树方法，构造一个同时满足这两个公式的模型，并说明这两个公式的一棵完成的树看起来是怎样的。

**10.8**　证明对任何封闭的树而言，只有有穷多的公式被消解了。这就是柯尼希(König)引理：含有有穷个枝的有穷分叉树（分叉只分出有穷多个后继(descendant)），其自身也是有穷的。实际上，证明这个结果是非常难的。柯尼希的证明思路如下。任取一个具有无穷多个点的有穷分叉树，证明它含有至少一个无穷的枝：

(1) 该树上的一个点是良点，如果它具有无穷多的后继。

(2) 该树的树根是良点。

(3) 如果树上的一个点是良点，该点的一个子点（直接后继）是良点。

(4) 因此，该树上至少有一个无穷的枝。

请解释该论证的每个步骤。

**10.9**　基于习题 10.8 的结果，证明：如果 $X \vdash A$，那么，存在一个 X 的有穷子集 $X^*$，使得 $X^* \vdash A$。这是谓词逻辑的紧致性定理。

黄金法则就是没有黄金法则。

——乔治·伯纳德·萧(George Bernard Shaw)

# 第11章

# 等词与函项

与命题逻辑语言相比，前面定义的一阶谓词逻辑语言的表达力要强很多，但是仍然有一些东西它无法恰当表述。比方说，“克拉克·肯特(Clark Kent)”和“超人(Superman)”是两个名字，我们想表达它们指称同一个人这一事实。我们会说：

克拉克·肯特是超人。

但是，仅用我们已有的一阶逻辑语言，我们没法说出这一点，因为“克拉克·肯特是超人”中的“是”与“克拉克·肯特是记者”中的“是”不是同一种“是”。我们不能说“S*c*”，其中S是“是超人”这一谓词，*c*是“克拉克·肯特”这一名字，因为“超人”也是一个名字，正如“克拉克·肯特”是一个名字一样。所以，在已有的一阶逻辑语言中，没法表达两个名字命名同一个东西。这里涉及一个“关系”，克拉克·肯特和超人因为是同一个人，而处于这一关系中。为与该关系对应，我们需要引入一个新的谓词。(当然，我们也可以考虑给语言添加一个表示同一关系的新的二元谓词I，并且给论证添加体现谓词I作用的前提。但在这种情况下“克拉克·肯特是超人，克拉克·肯特是两米高，所以，超人是两米高”是无效的。而“是”好像也并不是那种我们每次使用它时都必须要去给它下定义的联结词。)

类似地，我们也无法说出两个东西是不同的。比如，我们不能用下面的公式表达“屋里有两只狗”：

$$(\exists x)(Dx \& Rx) \& (\exists y)(Dy \& Ry)$$

这是因为，纵使屋里只有一只狗，这仍然可以为真。那么，为了表示诸如此类的陈述，我们应该如何拓展语言呢？

## 等词

为了处理这样的陈述，我们引入一个新的二元谓词，记作“=”。我们会采用“居中”而不是“前置”的记号形式，因为我们更熟悉的形式是“$a=b$”而不是“$=ab$”。

如果$a$和$b$在一个模型下指称相同的对象，那么，“$a=b$”在该模型下为真，否则为假。

“$a=b$”的否定，不会被记作“$\sim a=b$”，这看起来是令人困惑的。我们会记作“$\sim(a=b)$”，或者，更好的写法是“$a\neq b$”。在一个模型下，当$a$和$b$指称两个不同的对象，$a\neq b$为真，否则为假。我们来看一看，等词在具体模型中如何起作用。下面是一个我们见过的模型：

D＝{**d**,**k**,**e**}　　I($a$)＝**d**　　I($b$)＝**k**

| | I(P) |
|---|---|
| **d** | 1 |
| **k** | 1 |
| **e** | 0 |

| I(R) | **d** | **k** | **e** |
|---|---|---|---|
| **d** | 1 | 0 | 0 |
| **k** | 1 | 1 | 0 |
| **e** | 1 | 0 | 1 |

有了等词，我们语言的表达力更为强大。比如，“每个人都阅读其他人的作品”可以表示为：

$$(\forall x)(\exists y)(Rxy \& x \neq y)$$

它是假的，因在该模型下，并非对于论域中的每个人，都阅读其他人的作品。该公式的示例：

$$(\exists y)(Rdy \& d \neq y)$$

是假的，因为它的所有示例，具体而言包括：

$$Rdd \& d \neq d$$
$$Rdk \& d \neq k$$
$$Rde \& d \neq e$$

都是假的。第一个为假，因为 $d \neq d$ 是假的。第二个和第三个都是假的，因为 R$dk$ 和 R$de$ 都是假的。

我们也可以表示这样的断言：如果每个人都阅读你的作品，那么，你就是笛卡尔。

$$(\forall x)((\forall y)Ryx \supset x = d)$$

该公式说的是，任取一个人 x，如果所有的人都阅读 x 的作品，那么，x 与 **d** 是同一的。这个公式在我们的模型下是真的，因为，它的所有示例，即：

$$(\forall y)Ryd \supset d = d$$
$$(\forall y)Ryk \supset k = d$$
$$(\forall y)Rye \supset e = d$$

都是真的。第一个示例是真的，因为 $d = d$ 是真的。为了让第二个和第三个示例为真，($\forall$ y)R$yk$ 和($\forall$ y)R$ye$ 必须是假的。而它们恰恰是假的，因为 R$dk$ 和 R$de$ 是假的。

我们的目的是检验包含等词的论证形式的有效性。为此，针对等词需要规定树的生成规则。规定与其他联结词规则类似。一个是肯定的等词规则，一个是否定的等词规则。否定的等词规则是简单的：因为所有的自身同一都是真的，故否定的自身同一会封闭一个枝：

　　若形如 $a \neq a$ 的公式出现在一个枝上，那么，该枝封闭。

另一个规则，即肯定的等词规则，其引入动机是这样的：如果 $a = b$ 是真的，并且 $a$ 具有某个属性，那么，$b$ 也一定具有该属性，因为 $a$ 和 $b$ 是同一个事物。我们令 A 是一个包含名字 $a$ 的公式。A($a$:＝$b$)是用 $b$ 替换 A 中 $a$ 的某次出现而得到的公式。肯定的等词规则如下：

　　如果 $a = b$ 和 A 出现在一个枝上，A($a$:＝$b$)也出现在该枝上。

需要注意的是，这并没有消解 A 和 $a = b$，因为它们可能还会再被用到。

下面我们用该规则证明($\forall$ x)($\forall$ y)(x＝y$\supset$y＝x)。

$$
\begin{array}{c}
\sim(\forall x)(\forall y)(x=y\supset y=x) \quad \surd a \\
| \\
\sim(\forall y)(a=y\supset y=a) \quad \surd b \\
| \\
\sim(a=b\supset b=a) \quad \surd \\
| \\
a=b \\
b\neq a \\
b\neq b \\
\times
\end{array}
$$

我们是直接应用肯定的等词规则生成的这棵树。先有了 $a=b$ 和 $b\neq a$,但这并不足以封闭该枝,因为 $b\neq a$ 是 $b=a$ 的否定,不是 $a=b$ 的否定(需要注意的是,证明 $b=a$ 与 $a=b$ 是一回事,这正是我们通过画这棵树要证明的,但在这里不能预设这是成立的)。因此,我们将肯定等词规则应用到 $a=b$ 和 $b\neq a$。根据 $a=b$,我们用 $b$ 替换 $b\neq a$ 中的 $a$,得到 $b\neq b$。这封闭了这个枝,也封闭了整棵树。

有等词出现的封闭的树与等词不出现的封闭的树是极其相似的。有等词出现但不封闭的树,处理起来要稍微复杂一些。我们必须确保等词已经在相应模型下被解释为同一关系。这意味着,我们并不总是通过一个名字对应一个对象的方式构造论域和模型。下面通过一棵开放的树进行说明。我们要检验的是 $(\forall x)(\forall y)(\forall z)(((Rxy\&Rzx)\&y=z)\supset Rxx)$。

$$
\begin{array}{c}
\sim(\forall x)(\forall y)(\forall z)(((Rxy\&Rzx)\&y=z)\supset Rxx) \quad \surd a \\
| \\
\sim(\forall y)(\forall z)(((Ray\&Rza)\&y=z)\supset Raa) \quad \surd b \\
| \\
\sim(\forall z)(((Rab\&Rza)\&b=z)\supset Raa) \quad \surd c \\
| \\
\sim(((Rab\&Rca)\&b=c)\supset Raa) \quad \surd \\
| \\
(Rab\&Rca)\&b=c \quad \surd \\
\sim Raa \\
| \\
Rab\&Rca \quad \surd \\
b=c \\
| \\
Rab \\
Rca \\
| \\
Rac \\
\uparrow
\end{array}
$$

这个枝是开放的。为了能够从该开放的枝构造一个反模型，我们需要恰当地处理等词。这也是非常简单的。模型中，等词总是指称同一关系。换句话说，两个对象只有同一时，才会处于I(=)这一关系中。既然这样，我们如何从一个开放的枝构造反模型呢？像前面一样，按照名字给出论域的元素。不过，要注意的是，当模型中不同名字指称相同对象时，只需要选择一个名字代表论域成员即可，它能够代表其他指称相同的名字。这里，该开放的枝上有三个名字：$a$,$b$,$c$。然而，我们知道 $b=c$。因此，这些名字分成两组：

$$\{a\}\{b,c\}$$

为构造模型，我们从每一组中选出一个代表来代表对象形成论域即可。同一个组中，一个组员具有的属性也同样被其他组员具有。（这是没问题的，根据肯定的等词规则，既然 $b=c$，$b$ 具有的属性 $c$ 也一定会具有）。回到我们的模型构造，模型相关信息如下：

| I(R) | **a** | **b** |
|---|---|---|
| **a** | 0 | 1 |
| **b** | 1 | |

我们有 R$ba$，因为有 R$ca$ 和 $b=c$。没有 R$bb$(或者其否定)因为 R$bb$、R$cb$、R$bc$、R$cc$ 都没有出现在该枝上。这便是该枝的信息，在 R$bb$ 对应的空位上填 1 或 0 都能完成拓展，皆可提供一个使得该公式为假的解释。因此，它并不是一个重言式。

## 对常见量词的翻译

日常语言中，我们使用的量词不只有“每个”和“有的”。我们也会说“至少 3 个”“至多 40 个”“恰好 3088 个”等。通过这两个量词和等词，我们可以定义这些量词。下面是具体方法。

“至少 $n$ 个事物是 F”被翻译为：

$$(\exists x_1)\cdots(\exists x_n)(Fx_1 \& \cdots \& Fx_n \& x_1 \neq x_2 \& x_1 \neq x_3 \& \cdots \& x_{n-1} \neq x_n)$$

换句话说，有 $n$ 个事物具有 F 属性，它们中的任意两个都不同一。比如，“至少有 3 个逻辑学学生”被翻译为：

$$(\exists x)(\exists y)(\exists z)(Lx \& Ly \& Lz \& x \neq y \& x \neq z \& y \neq z)$$

“至多 $n$ 个事物是 F”被翻译为：

$$(\forall x_1)\cdots(\forall x_{n+1})((Fx_1 \& \cdots \& Fx_{n+1}) \supset (x_1 = x_2 \lor x_1 = x_3 \lor \cdots \lor x_n = x_{n+1}))$$

换句话说，如果我们有“$n+1$”个是 F 的事物，那么，我们一定至少数“重”了一次，里面至少有两个是同一的。比如，“至多有 2 个逻辑学学生”被翻译为：

$$(\forall x)(\forall y)(\forall z)((Lx \& Ly \& Lz) \supset (x=y \lor x=z \lor y=z))$$

我们可以将两者结合起来说的是“恰恰 $n$ 个事物是 F”。这可以被翻译为“至少 $n$ 个事物是 F”和“至多 $n$ 个事物是 F”的合取。

“恰恰 1 个事物是 F”要比“恰恰 $n$ 个事物是 F”的一般情况简单得多。这可被翻译为：

$$(\exists x)(Fx \& (\forall y)(Fy \supset x=y))$$

换句话说，下面两点同时成立：

(1) 有一个事物是 F；

(2) 对任意的事物而言，如果它是 F，那么，它与那个事物同一。

如果两者都是真的，那么，便一定是恰恰有 1 个事物是 F。如果第一个是假的，那么，并非恰好有 1 个事物是 F，因为根本没有任何事物是 F。如果第一个为真但第二个为假，那么，也并非恰恰 1 个事物是 F，因为有不止一个事物是 F。因此，我们的翻译没错。

再看最后一个例子，“恰好有 1 个来自印度尼西亚的逻辑学学生”被翻译为：

$$(\exists x)(Ix \& Lx \& (\forall y)((Iy \& Ly) \supset x=y))$$

课后习题 11.8 要求读者用有关数量量词的定义证明算数逻辑，也就是说关于数的一些基本事实可以通过逻辑推出来。

## 函项[①]

有时，特别是当我们表述数学理论时，为了能直接说出我们想表达的内容，谓词、名字、等词是不够的。比如，我们进行关于数的推理，可以做加法、减法、乘法、除法。我们有数字，而加减乘除是一类函数的名字，这些函数的特点是，输入的是数，输出的也是数。

即便使用包含等词的谓词语言，目前也并不存在一种直接的方法来表示这类函数。从技术上讲，应该可以用一个三元谓词“S”来表示加函数，Sxyz 意味的是“x 和 y 相加得出 z”。这样处理的话，就需要规定 S 表示的是一个真正的函数的条件，我们必须规定，对任意的 x 和 y，仅仅存在一个 z，使得 Sxyz。用包含等词的谓词语言可用如下表达：

$$(\forall x)(\forall y)(\exists z)(Sxyz \& (\forall w)(Sxyw \supset z=w))$$

这说的是，任意输入 x 和 y，有一个输出值 z，而且 x 和 y 带来的输出值一定与 z 同一。这样的规定足以使得 S 代表了一个真正的函数。然而，若真选用三元谓词 S 进行处理就太麻烦了。如果我们想说，对任意的数 x、y 和 z，$x+(y+z)=(x+y)+z$，这需要表示为：

$$(\forall x)(\forall y)(\forall z)(\forall w)((\exists u)(Sxuw \& Syzu) \equiv (\exists v)(Sxyv \& Svzw))$$

而这看起来与我们想说的似乎并不那么吻合。

---

① 译者注：原著中是“functions”。本小节主要对代表函数的项予以解释，故此处译为“函项”。

一种更为简单的方法是直接诉诸函数，允许语言中的符号表示函数。同谓词一样，函数符号也拥有一个元数。与谓词不同的是，谓词应用到多个名字产生一个公式，函数符号应用到多个名字产生一个新的名字。比如，令 f 是一个一元的函数符号，$a$ 和 $b$ 是名字，那么：

$$\mathrm{f}a,\mathrm{f}b,\mathrm{ff}a,\mathrm{fff}b$$

也都是名字。因为 $a$ 是名字，所以，f$a$ 也是名字。因为 f$a$ 是名字，ff$a$ 也是名字。类似地，如果 g 是一个二元函数符号，那么：

$$\mathrm{g}ab,\mathrm{gf}ab,\mathrm{gf}a\mathrm{ff}b$$

也都是名字。出于方便，若重复操作同一个函数，可用括号来标记函数符号的操作顺序。上面出现的名字分别对应：

$$\mathrm{g}(a,b),\mathrm{g}(\mathrm{f}(a),b),\mathrm{g}(\mathrm{f}(a),\mathrm{f}(\mathrm{f}(b)))$$

不过，严格讲，这些括号是无关的，因为一旦函数符号元数确定，不含括号的名字只有一种读法。

因此，和与积都是二元函数。我们常用特殊的名字"＋""×"表示它们，并且用"居中"形式书写，将之置于名字之间，而不是置于前面。这仅仅是记号方便而已。有了这些函数名字，如果 $a$ 和 $b$ 是我们语言中的名字，那么，下面的符号也都是名字：

$$a+b$$
$$a+(b\times c)$$
$$((a\times a)\times b)+b$$
$$(a\times b)+(b\times a)$$

函数符号被解释为论域上的函数。如果 f 是一个一元函数符号，g 是一个二元函数符号，论域是 D＝{**a**,**b**,**c**}，那么，我们可以用如下表格来解释：

| | I(f) |
|---|---|
| ***a*** | ***b*** |
| ***b*** | ***c*** |
| ***c*** | ***c*** |

| I(g) | ***a*** | ***b*** | ***c*** |
|---|---|---|---|
| ***a*** | ***a*** | ***b*** | ***c*** |
| ***b*** | ***b*** | ***c*** | ***a*** |
| ***c*** | ***c*** | ***a*** | ***b*** |

根据该解释，$\mathrm{f}(a)=b,\mathrm{f}(b)=c,\mathrm{f}(c)=c$。第一个表格告诉我们每个输入值对应的输出值。类似地，我们有 $\mathrm{g}(a,a)=a,\mathrm{g}(a,b)=b,\mathrm{g}(b,c)=a$ 等。第二个表格，要按照"行列"的方式读输入值，再找到输出值。

为了处理函数符号，我们无须修改树的生成规则，也无须引入新的规则。[①] 将函数符号引入到语言中，已有的规则决定了它的功能。下面是表明 $(\forall x)Lxf(x)\vdash(\forall x)(\exists y)Lxy$ 的一棵树：

① 不过，需要注意的是，对于肯定的存在量词规则和否定的全称量词规则，我们引入新的名字，而不能引入新的函数符号。给定 $(\exists x)Gx$，我们生成 G$a$，其中 $a$ 是一个新的名字，而不能生成 Gf($a$)，否则，就对具有 G 属性的这个对象做了更多的预设，即它是应用函数 f 到某个对象的结果。这不一定成立。

$$
\begin{array}{c}
(\forall x)Lxf(x) \quad \backslash a \\
\sim(\forall x)(\exists y)Lxy \quad \surd a \\
| \\
\sim(\exists y)Lay \quad \backslash f(a) \\
| \\
Laf(a) \\
| \\
\sim Laf(a) \\
\times
\end{array}
$$

通过这棵树,我们可以看出函数符号的一些特点。如果 $a$ 是一个名字,f 是一个一元函数符号,那么,f($a$)也是一个名字。我们可以用 f($a$)替换～(∃y)Lay 中的变元让树封闭。

然而,不只 f($a$)是名字,还有 f(f($a$))、f(f(f($a$)))等无穷多个名字。这带来的结果是,任何一棵包含函数符号的树都会有无穷多个名字。如果一个枝上使用了全称公式,该枝要成为完成的枝,就一定会是无穷的。不过,它几乎没有包含函数符号的简单开放的树。为了展示这样的树是怎样的,请看下面这棵树,它用来检验(∀x)Lxf(x)⊢(∃x)Lf(x)x。

$$
\begin{array}{c}
(\forall x)Lxf(x) \quad \backslash a, f(a), ff(a), \cdots \\
\sim(\exists x)Lf(x)x \quad \backslash a, f(a), ff(a), \cdots \\
| \\
Laf(a) \\
| \\
\sim Lf(a)a \\
| \\
Lf(a)ff(a) \\
| \\
\sim Lff(a)f(a) \\
| \\
Lff(a)fff(a) \\
| \\
\sim Lfff(a)ff(a) \\
\vdots
\end{array}
$$

这个枝是开放的,并将无穷拓展。在这棵树上被命名的对象有:$a$,f($a$),ff($a$),fff($a$),等等。树的信息可通过下面表格概括:

| I(L) | $\mathbf{a}_1$ | $\mathbf{a}_2$ | $\mathbf{a}_3$ | $\mathbf{a}_4$ | … |
|---|---|---|---|---|---|
| $\mathbf{a}_1$ | | 1 | | | |
| $\mathbf{a}_2$ | 0 | | 1 | | |
| $\mathbf{a}_3$ | | 0 | | 1 | |
| $\mathbf{a}_4$ | | | 0 | | |
| … | … | … | … | … | … |

| | I(f) |
|---|---|
| $\mathbf{a}_1$ | $\mathbf{a}_2$ |
| $\mathbf{a}_2$ | $\mathbf{a}_3$ |
| $\mathbf{a}_3$ | $\mathbf{a}_4$ |
| $\mathbf{a}_4$ | $\mathbf{a}_5$ |
| … | … |

该解释的论域{$\mathbf{a}_1$,$\mathbf{a}_2$,$\mathbf{a}_3$,…}是无穷的,f 被解释为一个函数,该函数将每个对象映射到序列中的下一个对象。将剩余的位置进行填充,会得到使得前提为真而结论为假的反模型。使用第 10 章的窍门,可以让论域不那么大,就是说,注意该解释明确规定哪些对象一定不会同一。我们知道,$\mathbf{a}_1$ 和 $\mathbf{a}_3$ 一定不同一,因为 $\mathbf{a}_1$ 和 $\mathbf{a}_2$ 处于 L 关系中,但 $\mathbf{a}_3$ 和 $\mathbf{a}_2$ 没有。类似地,$\mathbf{a}_2$ 和 $\mathbf{a}_4$ 一定不同一,$\mathbf{a}_3$ 和 $\mathbf{a}_5$ 一定不同一,如此等等。一种实现这种结果的方法是每次找 3 个对象。我们可获得这样一个表格:

| I(L) | $\mathbf{a}_1$ | $\mathbf{a}_2$ | $\mathbf{a}_3$ |
|---|---|---|---|
| $\mathbf{a}_1$ | 0 | 1 | 0 |
| $\mathbf{a}_2$ | 0 | 0 | 1 |
| $\mathbf{a}_3$ | 1 | 0 | 0 |

| | I(f) |
|---|---|
| $\mathbf{a}_1$ | $\mathbf{a}_2$ |
| $\mathbf{a}_2$ | $\mathbf{a}_3$ |
| $\mathbf{a}_3$ | $\mathbf{a}_1$ |

使用拓展后的语言,我们可以说明更多的事情。更多细节,见本章后的习题。

## 小结

- 同一是一种特殊的二元关系,x 和 y 处于同一关系,当且仅当,x 和 y 是同一个事物。
- 我们用二元关系符号"="表示同一。
- 若形如 $a \neq a$ 的公式出现在一个枝上,那么,该枝封闭。
- 如果 $a=b$ 出现在一个枝上,某个包含 $a$ 的公式也出现在该枝上,那么,用 $b$ 替换该公式中任意次出现的 $a$ 得到的公式,也出现在该枝上。
- 通过等词可以表示计数量词"至少 $n$ 个""至多 $n$ 个"和"恰恰 $n$ 个"。
- 函数符号代表函数。每个函数符号被解释为一个函数。比如,当论域给定,二元函数符号被解释为从对象序对到对象的函数。
- 无须为函数符号引入新的生成规则。

# 习题

## 基础习题

**11.1** 根据如下词汇表，翻译下面公式。

$a$=阿尔方佐

$b$=伯纳黛特

$c$=坎戴德

Px=x 是一个人

Rx=x 是富裕的

Sxy=x 比 y 小

Wxy=x 为 y 工作

① $a=b$

② $a=b \& a\neq c$

③ $(\exists x)((Px \& c\neq x) \& Rx)$

④ $(\forall x)((Px \& c\neq x) \supset Rx)$

⑤ $(\forall x)((Px \& b\neq x) \supset Sxb)$

⑥ $\sim(\exists x)((Px \& b\neq x) \& Sxc)$

⑦ $(\forall x)(Px \supset (\exists y)(Py \& Wxy))$

⑧ $(\forall x)(Px \supset (\exists y)(x\neq y \& (Py \& Wxy)))$

⑨ $(\exists x)(Px \& (\exists y)(Py \& Wxy))$

⑩ $(\exists x)(Px \& (\exists y)(x\neq y \& (Py \& Wxy)))$

**11.2** 根据相同的词汇表，写出下面句子的形式。

① 阿尔方佐是富裕的，但坎戴德不是。

② 有的人是富裕的，且比坎戴德小。

③ 坎戴德之外有人比阿尔方佐小。

③ 每个人都比有的人小。

⑤ 每个人都比他之外的有的人小。

⑥ 阿尔方佐之外的每个人都为有的人工作。

⑦ 伯纳黛特之外没人为阿尔方佐工作。

⑧ 至少有两个人。

⑨ 至多有三个人。

⑩ 恰好有一个人为阿尔方佐工作。

**11.3** 检验下面公式是否为重言式，如果不是的话，构造反模型。

① $(\forall x)x=x$

② $(\forall x)(\forall y)(x=y \supset y=x)$

③　$(\forall x)(\exists y)x=y$

④　$(\forall x)(\forall y)(\forall z)((x=y \& y=z)\supset x=z)$

⑤　$(\forall x)(\forall y)(\forall z)(\forall w)((Rxy \& Rzw)\supset(y\neq z \vee Rxw))$

**11.4**　检验下面论证形式是否有效，如果无效，构造反模型。

①　$(\forall x)(Fx\supset Gx),(\forall x)(Fx\supset x=a)/Ga$

②　$(\forall x)(\forall y)x=y/(\forall x)Gx\vee(\forall x)\sim Gx$

**11.5**　写出下面论证的形式，并检验是否有效。

①　至多两只青蛙是蓝色的，所以，至多三只青蛙是蓝色的。

②　至少两只青蛙是蓝色的，所以，至少三只青蛙是蓝色的。

**11.6**　证明 $a=b\vdash f(a)=f(b)$。反过来，就是说，$f(a)=f(b)\vdash a=b$ 成立吗？

## 高阶习题

**11.7**　我们将“恰好 $n$ 个事物是 F”表示为“至多 $n$ 个事物是 F”和“至少 $n$ 个事物是 F”的合取。这包含 $2n+1$ 个量词。通过找到一个只包含 $n+1$ 个量词的公式，说明存在更简洁的表示方式。

**11.8**　证明基本算术可从有关数量量词的定义中得出。即证明如果至少 $n$ 个事物是 F，且至少 $m$ 个事物是 G，并且没有既是 F 又是 G 的事物，那么，至少 $n+m$ 个事物或者是 F 或者是 G。证明如果至多 $n$ 个事物是 F，且至多 $m$ 个事物是 G，那么，至多 $n+m$ 个事物或者是 F 或是 G。

**11.9**　思考如何能够用数量量词证明关于乘法的事实，正如我们对加法证明的那样。

**11.10**　我们可以直接将“数论”形式化。罗宾逊的算术理论包含七个公理，其语言中有等词、一元函数符号“s”（后继函数）、名字“0”、居中书写的二元函数符号“+”（和）“×”（积）。

①　$(\forall x)(\forall y)(s(x)=s(y)\supset x=y)$

②　$(\forall x)(0\neq s(x))$

③　$(\forall x)(0\neq x\supset(\exists y)s(y)=x)$

④　$(\forall x)(x+0=x)$

⑤　$(\forall x)(\forall y)(x+s(y)=s(x+y))$

⑥　$(\forall x)(x\times 0=0)$

⑦　$(\forall x)(\forall y)(x\times s(y)=(x\times y)+x)$

前三个公理说的分别是：没有两个数拥有相同的后继；0 不是任何数的后继；每个不是 0 的数都是某个数的后继。接下来的两个公理表示的是“和”的特征，最后两个表示的是“积”的特征。我们将这七个公理构成的集合称作 RA。在该语言中，我们用“1”缩写“s(0)”，“2”缩写“s(s(0))”，如此等等。请证明下面结果。

①　$RA\vdash 2+2=4$

②　$RA\vdash 2+2\neq 5$

③ $RA \vdash 2\times 3=6$

④ $RA \vdash 2\times 3\neq 5$

⑤ $RA \vdash (\forall x)(\forall y)(x+y=y+x)$

(最后一个比前四个要困难得多。为了理解它,请尝试构造一个让 RA 的所有公理都成立但$(\forall x)(\forall y)(x+y=y+x)$却不成立的模型。)

所有的动物都是平等的,但有的动物比其他动物更加平等。

——乔治·奥威尔(George Orwell)

# 第 12 章

# 确定描述语

日常语言中的名字用来代表对象。在我们的形式语言中,该功能也是由名字来完成的,它们或者完全是原子的(即不再包含有意义的部分),或者是应用函数符号到其他名字而得到的。除此之外,没有其他的用来进行指称的表达式。

这种设置似乎并不合适。我们已经展示,复合公式的意义(解释)是如何被更简单的公式的意义确定,指称性的表达式也应该这样。日常语言包含描述语,它们通过所包含的谓词描述相应的对象。诸如"这个屋子里最高的人""这种疾病的原因"等描述语,看起来是指称性表达式,而且其结构和意义决定了由其所描述的那个指称对象。前面定义的形式语言并没有考虑到这样的语言事实,我们缺少一种通过谓词来构造名字的方法。

另外,描述语似乎与很多悖论或有待解释的奇怪现象联系紧密。与其他名字或词项相比,描述语在下面两个方面看起来是让人疑惑的。

1) 二值原则失效

描述语似乎撬动了二值原则。比如,"当今法国国王是秃顶"不是真的,因为当今法国没有国王。类似地,基于相同理由,"当今法国国王不是秃顶"也不是真的。与此不同,对其他的名字而言,"$a$ 是秃顶"和"$a$ 不是秃顶"总有一个是真的(或许我们应该考虑"秃顶"这个词的模糊性,但现在请忽略这点,如果你不能的话,就请找一个足够清晰的谓词进行替换)。我们最好能够解释为什么描述语会带来这样的现象。

2) 非存在断言

沿着类似的思路,我们可以用描述语断言特定事物不存在。比如,我们完全可以断言"当今法国国王不存在",并且这个断言是真的。与此对照,我们并不能用名字做出这样的断言。因为每个名字都指称论域中的一个对象,即每个名字都指称了一个存在的对象(至少在被存在量化的意义上)。

我们应怎样处理描述语呢?这些令人疑惑的现象能够解释清楚吗?

## 罗素的解决方案

针对这些难题,伯特兰·罗素想到一个好方案。他主张通过我们定义的含有等词的谓词语言，对描述语进行分析。罗素在1905年的文章《论指称》(*On Denoting*)[24]中提出这种方案。该方案的提出仍然被看作形式逻辑可用来帮助解决难题的有力证据。

回顾一下，我们将“恰好有1个事物是F”翻译为：

$$(\exists x)(Fx \& (\forall y)(Fy \supset x=y))$$

日常语言中，确定描述语是形如“the F”的词项。① 罗素通过“恰好有1个事物是F”对应的翻译来分析确定描述语。

在日常交流中，如果恰好有1个事物具有F属性，经常会将所涉及的对象描述为“the F”。比如，我们会谈论澳大利亚的总理、最新登上珠穆朗玛峰的人、我正在想的东西等事物。罗素注意到，我们如此谈论的时候，实际上预设了很多东西。我们预设有一个事物满足该描述语(即有1个事物是澳大利亚总理)，同样，我们还预设至多有1个事物满足(没有更多的事物是澳大利亚总理)。如果第一个条件不成立，任何对“the F”的谈论都会是错误的，因为根本没有人会符合描述。如果第二个条件不成立，对“the F”的谈论仍然会是错误的，我们可以谈论“一个F”，但不能谈论“the F”。基于此，罗素进一步用更深入的道理完成对确定描述语的分析。

罗素的分析方案如下。当我们说“the F”是G，我们说的是：

(1) 至少有1个事物是F。

(2) 没有多于1个事物是G。

(3) 具有F属性的那个事物也具有G属性。

因此，我若正式地说“the F是G”，说的乃是：

$$(\exists x)(Fx \& (\forall y)(Fy \supset x=y) \& Gx)$$

有一个事物具有属性F，并且没有其他的事物具有属性F，并且这个事物具有属性G。

我们会引入符号来缩写确定描述语，将“the F是G”缩写为：

$$(Ix)(Fx, Gx)$$

我们可以用这样的缩写来翻译涉及确定描述语的断言。比如，“总理是自由党党员，是个矮个子”可表示为：

$$(Ix)(Px, Lx \& Sx)$$

其中，P、L、S分别代表“是总理”“是自由党党员”“是矮个子”。当然，我们可以翻译为：

$$(Ix)(Px, Lx) \& (Ix)(Px, Sx)$$

---

① 译者注：汉语中，并没有与“the”完全对应的翻译，或许有人会勉强翻译为“这个”或“那个”，但这并不合适，完全不符合汉语表达习惯。比如，在英语中“The present president of HUST”是合格的确定描述语，其中文翻译“华中科技大学的现任校长”则并没有与“the”对应的部分。若译为“那个华中科技大学的现任校长”则完全不知所云。因此，对英文“the”，译者选择不译。不过，需要指出的是，通过“华中科技大学的现任校长”这一实例可以看出，虽然汉语中没有与定冠词“the”对应的翻译，但是，确定描述语和确定描述现象的确存在。因此，对汉语而言，本章的内容也是必要的补充。

两种翻译说的是一回事。

"总理比副总理矮"翻译起来要更复杂。可以先将其翻译为：

$$(Ix)(Px, x\text{比副总理矮})$$

如果"Sxy"表示"x 比 y 矮"，"Dx"表示"x 是一个副总理"，那么，我们该如何表示"x 比副总理矮"呢？我们会将"副总理是 F"分析为"(Iy)(Dy，Fy)"（在 x 已用的情况下，用变元 y 会是一个更好的选择）。副总理具有的属性 F 是什么呢？我们要表示的属性就是"x 比他矮"。因此，我们需要的"Fy"就是"Sxy"。这样，便有了完整的分析：

$$(Ix)(Px, (Iy)(Dy, Sxy))$$

涉及确定描述语的复杂翻译不总是如此容易。给定一个被确定描述语描述的对象，我们要问的第一个问题是，它是如何被描述的？然后，再问它具有什么属性？

我们可以根据确定描述语的定义为 I(x) 规定树的生成规则。肯定的 I(x) 规则是：

$$(Ix)(Fx, Gx)$$

|

$Fa$ （$a$ 是新的）

$(\forall y)(Fy \supset y = a)$

$Ga$

否定的 I(x) 规则是：

$$\sim(Ix)(Fx, Gx)$$

$\sim Fa$ | $\sim(\forall y)(Fy \supset y = a)$ | $\sim Ga$

其中"$a$"是任意的名字。使用这些规则，可以检测论证形式"如果 the F 是 G，那么，有的事物是 F"的有效性。

$(Ix)(Fx, Gx)$ √$a$

$\sim(\exists x)(Fx)$ \$a$

|

$Fa$

$(\forall y)(Fy \supset y = a)$

$Ga$

$\sim Fa$

×

下面的一棵树则更加复杂。它展示的是，我们可以从 $(Ix)(Fx, Gx)$ 推出 $(\forall x)(\forall y)((Fx \& Fy) \supset x = y)$。

$$(\mathrm{Ix})(\mathrm{Fx},\mathrm{Gx}) \quad \surd a$$
$$\sim(\forall \mathrm{x})(\forall \mathrm{y})((\mathrm{Fx}\&\mathrm{Fy})\supset \mathrm{x}=\mathrm{y}) \quad \surd b$$
$$\mathrm{F}a$$
$$(\forall \mathrm{y})(\mathrm{Fy}\supset \mathrm{y}=a) \quad \backslash b,c$$
$$\mathrm{G}a$$
$$|$$
$$\sim(\forall \mathrm{y})((\mathrm{F}b\&\mathrm{Fy})\supset b=\mathrm{y}) \quad \surd c$$
$$|$$
$$\sim((\mathrm{F}b\&\mathrm{F}c)\supset b=c) \quad \surd$$
$$|$$
$$\mathrm{F}b\&\mathrm{F}c$$
$$b\neq c$$
$$|$$
$$\mathrm{F}b$$
$$\mathrm{F}c$$
$$\mathrm{F}b\supset b=a \quad \surd$$

$\sim \mathrm{F}b$ / $b=a$

$\times$    $\mathrm{F}c\supset c=a \quad \surd$

$\sim \mathrm{F}c$ / $c=a$

$\times$    | $a\neq c$ | $a\neq a$ $\times$

针对通过谓词构造而成的词项，罗素的确定描述语理论提供了一种分析方法。这种分析方法展示了这些词项与我们语言中的其他符号之间的关系，也对前面提到的两个难题提供了具体的解决方案。

1）二值原则失效

比如，“当今法国国王是秃顶”不是真的，因为当今法国没有国王。这可以得到解释，因为没有事物具有属性 K，所以(Ix)(Kx，Bx)不成立。类似地，因为没有事物具有属性 K，所以，(Ix)(Kx，～Bx)不成立，所以，“当今法国国王不是秃顶”也不是真的。然而，这不意味着排中律失效，因为(Ix)(Kx，Bx)的否定是～(Ix)(Kx，Bx)，而不是(Ix)(Kx，～Bx)。～(Ix)(Kx，Bx)是真的。

2）非存在断言

“当今法国国王不存在”并没有断言某个对象不存在。它说的是，没有一个事物具有“是当今法国国王”这一属性，即～(∃x)(Kx)，这不会带来麻烦。①

对罗素而言，确定描述语不是像名字那样的指称性符号。它们是一种描述，是隐性的存在量化。一旦我们恰当地理解了描述语的本性，相应的排中律失效和非存在断言难题便都迎刃而解了。通过形式逻辑工具，我们澄清了确定描述语相关的语言结构特征。

## 局限性

很明显，罗素的理论让确定描述语的意义变得更为清晰。但是，像任何素朴的哲学理论一样，该理论也有其局限性。它适用于确定描述语的一些用法，对其他用法却无能为力。

1）限定论域

这种分析方案没有对论域进行任何限制。我可能会说“逻辑班尖子生(the top logic student)会得奖”，但我的意思并不是“逻辑班尖子生”，而是“今年我的逻辑班里的尖子生”。在典型的情况下，只有我们以某种方式限定论域，才能用确定描述语选择出一个对象。罗素的观点对此并没做任何说明。

2）指称性用法

在有些情况下，当人们使用确定描述语进行描述，描述是成功的，但是，相应的谓词并没有描述所指称的事物。比如，在一个宴会上，我可能谈论在角落喝马提尼酒的那个男人，你点头同意，我们就是在谈论他。即使他并没有喝马提尼酒，我们依然在指称他！如果他喝的恰恰是一杯水，我所使用的描述语就未能正确地描述他，但是，你和我都认为那是马提尼酒这一事实，足以“确定指称”。罗素的观点对此没有任何说明，而且看起来，其在这方面的处理将会是完全错误的。根据罗素的观点，当我说出一个包含“在那个角落喝马提尼酒的那个男人”的句子时，如果没有一个人在那个角落喝马提尼酒，我所说的句子将会是假的。或者更糟糕，如果有另外一个人恰好在那里喝马提尼酒(但我们完全不知道)，那么，该确定描述语就会指称此人。关于确定描述语，还需要做更多的工作来解释为什么会发生这样的现象。

## 进阶读物

罗素的原创论文是《论指称》[24]。时至今日，这篇文章仍然是经典读物。米勒的《语言哲学》(*Philosophy Language*)[19]对罗素的分析方案进行了拓展性讨论。

博斯托克的《中阶逻辑》[2]第8章、格雷林的《哲学逻辑引论》[8]第4章对确定描述语的讨论也值得阅读。

---

① 译者注：更准确地讲，该语句断言的是，并不存在唯一的一个人是当今法国国王，但这不会带来麻烦，因为确实不存在唯一的一个这样的人，实际上，一个这样的人都不存在。

## 习题

**12.1** 根据如下词汇翻译下面语句，用I来缩写确定描述语。[①]

*a*=阿尔方佐

*b*=伯纳黛特

*c*=坎戴德

Vx=x是一个副校长

Lx=x是一个市长

Fx=x会飞

Hx=x是一匹马

Sxy=x比y更快

① 副校长会飞

② 市长是一匹马

③ 飞马比伯纳黛特更快

④ 阿尔方佐是一个市长

⑤ 阿尔方佐是市长

⑥ 坎戴德比不会飞的马更快

⑦ 会飞的马比不会飞的马更快

⑧ 会飞的马比任何不会飞的马都更快

⑨ 每个不是飞马的东西都比飞马更快

⑩ 阿尔方佐比副校长更快，但是，伯纳黛特比飞马更快。

**12.2** 针对你对习题12.1的回答，用罗素的确定描述语理论，进一步进行翻译，使确定描述语联结词I得以分析。

**12.3** 检验下面论证形式是否有效，如果无效的话，请构造一个反模型。

① (Ix)(Fx,Gx)&(Ix)(Gx,Hx)/(Ix)(Fx,Gx&Hx)

② (Ix)(Fx&Gx,Hx)/(Ix)(Fx,Hx)

③ (Ix)(Fx,Gx)/(∀x)(~Gx⊃~Fx)

④ (Ix)(Fx,~Gx)/~(Ix)(Fx,Gx)

⑤ F*a*,(Ix)(Fx,Gx)/(Ix)(Fx,x=*a*)

**12.4** (Ix)(Fx,Fx)是什么意思？

在流逝岁月的历史记载中，我看到了绝代佳人的描述。

——威廉·莎士比亚(William Shakespeare)

---

① 译者注：汉语中没有与"the"完全对应的词汇。在中文中，一个描述语"φ"，由一系列的谓词 $F_1 \cdots F_n$ 的合取构成，φ是否要被理解为确定描述语，要依赖具体语境。比如，当我说，"飞马就是佩加索斯"，我要表达的是那匹会飞的马是佩加索斯，此时"飞马"是确定描述语，用来指代一个唯一的事物。但当我说"飞马比不会飞的马更快"，我要表达的是任何一匹会飞的马都比任何一匹不会飞的马更快，此时"会飞的马"不是确定描述语。为了方便区分，书面语中，我们可以用下划线进行标记，比如用"飞马就是佩加索斯"，"飞马比不会飞的马更快"。但是，在口语中，这样的标记是不可能的。

# 第 13 章

# 有的事物不存在

## 存在隐含与谓词

根据亚里士多德(Aristotle)的三段论逻辑,下面论证是有效的:

*所有老虎都是危险的。因此,有的老虎是危险的。*

*没有说谎者是诚实的。因此,有的说谎者不是诚实的。*

在西方文明的逻辑史中,亚里士多德的三段论逻辑占统治地位的时间超过两千年。但根据我们已经学过的谓词逻辑,以上两个论证却分别是下面无效论证形式的示例:

$$(\forall x)(Fx \supset Gx) / (\exists x)(Fx \& Gx)$$

$$\sim(\exists x)(Fx \& Gx) / (\exists x)(Fx \& \sim Gx)$$

出现差异的原因也不难理解。三段论逻辑的一个假设是每个范畴都是非空的。就是说,每个谓词的外延都是非空的。如果所有的老虎都是危险的,那么,拿出一只老虎,它一定是危险的。因此,一定会有老虎是危险的。类似地,如果没有说谎者是诚实的,那么,拿出一个说谎者,他一定是不诚实的。如果没有这样的老虎,或者没有这样的说谎者,那么,前提为真,而结论为假。

你可能会问,如果这样的动物不存在,我们怎么能够学会“说谎者”“老虎”这样的谓词呢?这样思考的话,你可能会认为所有的范畴非空这一假设是合理的。当然,该假设为假的情况也是有的。假设牛顿物理学是正确的,那么,下面论证的前提是真的,但结论是假的:

*所有不受外力作用的物体都匀速运动。*

*因此,有的不受外力作用的物体匀速运动。*

前提是牛顿运动定律的一部分。任何不受外力的对象会沿某个方向以某个固定速度运动。而结论是假的,因为每个物体都会对其他的物体施加引力(当然,有可能会是非常小的力)。因此“不受外力作用的物体”是空谓词。该论证是无效的。

这里的判断,即空谓词会带来的无效性,是谓词逻辑分析的结果。针对上述我们用谓词语言书写的论证形式,其反例中谓词 F 皆被解释为空的属性。

我们说,亚里士多德的三段论逻辑具有存在隐含,因为任何范畴或谓词都被假设为非空。谓词逻辑中的谓词没有存在隐含,因为公式:

$$(\exists x)Fx$$

不是一个重言式。我们拥有一个谓词这一事实，并不能隐含谓词是非空的。

## 存在隐含与名字

谓词逻辑并非没有任何存在隐含。具体而言，谓词逻辑中的名字具有存在隐含。公式：

$$(\exists x)(x=a)$$

是一个重言式，其中 $a$ 是任意的名字。这意味着，每个名字都被假设指称了一个存在的对象。谓词逻辑中，我们允许空谓词，但并不允许空名字。这或许会带来问题。一个原因是，我们中的许多人认为，下面两个句子中的一个是真的，而另一个是假的：

存在某物与约翰·霍华德(John Howard)同一。

存在某物与圣诞老人(Santa Claus)同一。

第一个是真的，而第二个是假的。若"约翰·霍华德"和"圣诞老人"都是名字，两个句子都具有$(\exists x)(x=a)$这一形式。因此，我们必须在下面的选项之间进行权衡：

(1) 圣诞老人存在。

(2) "圣诞老人"不是一个名字，因此，$(\exists x)(x=a)$不是"存在某物与圣诞老人(Santa Claus)同一"的形式。

(3) $(\exists x)(x=a)$不是一个重言式。

在圣诞老人的例子中，第一个选项或许看起来是有吸引力的。然而，很难认为对每个名字而言，它一定是某个存在的事物的名字。比如说，佩加索斯(Pegasus)、福尔摩斯(Sherlock Holmes)、比尔博·巴金斯(Bilbo Baggins)、米老鼠(Mickey Mouse)、超人不会都是存在的。因此，我们最好不考虑这个选项。

第二个选项认为，有的符号看起来是名字，但并不指称对象，因此，不是真正的名字。在第 12 章，我们已经看到这种类型的分析。罗素认为，与名字不同，诸如"澳大利亚的总理"这样的描述语不是真正的指称性短语，而是承担存在量化功能的符号，它们通过描述语包含的谓词去选择对象。纵使澳大利亚现在没有总理，"澳大利亚的总理是个矮个子"也是合乎语法的陈述。我们并不要求这个描述语必须要选择对象。

罗素的分析方法不但可以用来处理那些显然是描述语的短语，也可以用来处理名字。关于名字，描述主义理论认为，每个名字都是隐藏的确定描述语。比如，当我用"约翰·霍华德"，我的意思可能是：

被他的父母命名为"约翰·霍华德"，当下处于舆论浪尖的那个人。

为了能够让名字与确定描述语对应，便需要构造一个复杂的观点。这里的要点在于，对于并没有确定存在对象的名字(比如"圣诞老人")而言，这里的处理思路是将"圣诞老人"这一名字与下面的确定描述语相匹配：

经常穿着红白相间的皮衣、住在北极、在圣诞节当天给每个人发礼物的那个胖男人。

毫无疑问，诸如此类的描述语与"圣诞老人"这个名字密切相连。然而，如果我们继续像罗素那样分析确定描述语，下面的两个句子都是假的：

圣诞老人住在北极。

圣诞老人与艾维斯(Elvis)一起住在纳什维尔(Nashville)。

因为没有一个人满足"圣诞老人"对应的描述语,所以它们都是假的。然而,在某种意义上,这两个断言是不同的。至少我们可以说,根据经典的圣诞老人神话故事,第一个是真的,而第二个是假的。或许,会有某种方法来明确两个断言的差异,比如,将它们分别看作是对下面两个断言的缩写:

根据神话,圣诞老人住在北极。

根据神话,圣诞老人与艾维斯一起住在纳什维尔。

第一个断言显然是真的,第二个则是假的。这一策略(我们可称之为"隐藏前缀策略")确实能处理这些句子,也能处理其他的一些句子。

根据希腊神话,佩加索斯是一匹飞马。

根据柯南·道尔(Conan Doyle)小说,福尔摩斯住在贝克大街。

根据希腊神话,佩加索斯有七十二个头。

根据柯南·道尔小说,福尔摩斯是一名爵士乐歌手。

第三个和第四个断言都是假的。看起来,关于虚构角色为真的事情恰恰是故事所说,和我们从故事所说中推出来的东西。

隐藏前缀策略,确实具有一定的功效。但是,有人已经发现了其面临的难题。许多人都倾向于认为,虚构内容混杂的句子依然可以为真,比如:

佩加索斯可以比福尔摩斯飞得更高。

约翰·霍华德比赫尔克里斯(Hercules)更矮。

第一个断言混杂了两个不同的虚构故事。没有任何一个神话或故事同时涉及佩加索斯和福尔摩斯。既然如此,为什么有人会倾向于说这个句子为真呢?类似地,第二个断言混杂了神话和现实。赫尔克里斯是高个子(虽说是非存在的),约翰·霍华德是不高的,他比赫尔克里斯要矮。在虚构和现实之间,这个断言"跨越了边界"。

有人认为,描述语理论以及隐藏前缀观点面临的问题,迫使我们去寻求新的策略。我们必须找到一种允许名字没有指称的逻辑理论。

不在语法上对专名进行区别对待而探索出来的一种理论叫自由逻辑。所谓自由逻辑就是"自由于(free of)存在隐含",不受存在隐含假设的限制。名字的语义功能并不要求其必须确定一个存在的对象。自由逻辑的语言与经典谓词逻辑是一样的,只是需要引入一个新的一元谓词"E!"。E!$a$ 为真的条件是 $a$ 存在。或者,更形式地表达的话,E!$a$ 为真的条件是,名字 $a$ 指称一个(存在的)对象。因此,如果 $a$ 代表佩加索斯,$b$ 代表约翰·霍华德,那么,根据这里的策略,E!$a$ 为假,而 E!$b$ 为真。

## 模型

我们将介绍一个版本的自由逻辑。与经典谓词逻辑一样,它有论域,有谓词(如果需要,还可以加入函数符号和等词)。我们像对待其他谓词一样对待谓词 E!。它的作用是划分存在对象和非存在对象。下面,我们来看一个具体模型。

| | I(H) | I(F) | I(E!) |
|---|---|---|---|
| **a** | 1 | 1 | 0 |
| **b** | 1 | 0 | 1 |
| **c** | 0 | 0 | 1 |
| **d** | 0 | 1 | 0 |

| I(S) | **a** | **b** | **c** | **d** |
|---|---|---|---|---|
| **a** | 0 | 0 | 0 | 0 |
| **b** | 1 | 0 | 0 | 0 |
| **c** | 1 | 1 | 0 | 1 |
| **d** | 1 | 1 | 0 | 0 |

在这个模型中，H 代表“是一匹马”。F 代表“会飞”。S 代表的是“……比……矮”。论域对象的名字 *a*、*b*、*c*、*d* 分别是佩加索斯（神话里的飞马）、法雅纳（Phar Lap，一匹出名的澳大利亚赛马）、约翰・霍华德、超人。这解释了为何表格中真值如此分配。H*a* 和 H*b* 都是真的，因为佩加索斯和法雅纳都是马；F*a* 和 F*d* 都是真的，因为佩加索斯和超人都会飞。S 对应的表格确保，约翰・霍华德比超人矮，超人比法雅纳矮，法雅纳比佩加索斯矮。我们需要注意新谓词 E! 的解释：佩加索斯和超人并不存在。因此，E! *a* 和 E! *b* 都不成立。

为了适应这种要求，这意味着需对存在量词的解释进行修改。我们不想说，存在会飞的马，(∃x)(Fx&Hx) 并不成立。我们必须承认，F*a*&H*a* 并不是 (∃x)(Fx&Hx) 的一个合适的示例。在我们知道名字有指称的情况下，用名字对变元进行替换得到的才是恰当的示例。

(∃x)(Fx&Hx) 和 (∃x)(Fx&～Hx) 都会是假的，因为在该模型下，没有会飞的马，也没有会飞的非马。实际上，在该模型中，(∃x)(Fx) 是假的，因为没有一个恰当的示例（只有 F*b* 和 F*c* 是恰当的示例）是真的。法雅纳可能跑得非常快，但不能飞。

如果 (∀x)A 和～(∃x)～A 等值的话，对存在量词的解释也确定了对全称量词的解释。所有事物都是 A，仅当没有事物不是 A。(∀x)A 是真的，仅当 A 的所有恰当的示例都是真的。因此，(∀x)(Hx⊃～Fx) 在该模型下是真的，因为所有（存在的）马都不会飞。

有人认为，我们需要更加宽泛的量词，用来量化论域里的所有对象，而不仅仅是存在的对象。我们先为前面定义的自由逻辑系统规定树规则，再看看如何能够完成这样的设想。

## 树规则

针对联结词的树规则不变。为了能够处理存在谓词，针对量词的规则要稍作修改。

1）肯定的存在量化

为了消解形如 (∃x)A 的公式，在它出现的每个开放的枝上，用一个该枝上未曾出现过的名字替换得到的示例进行拓展，同时还要补充规定这个名字有所指称。

(∃x)A

|

E! *a*

A(x：=*a*)　其中 *a* 是一个新的名字。

2）否定的存在量化

对于形如$\sim(\exists x)A$的公式和名字$a$，该公式出现的所有开放的枝，用$\sim E!a$和$\sim A(x:=a)$进行分叉。

$$\sim(\exists x)A$$

$\sim E!a$ $\qquad$ $\sim A(x:=a)$ $\quad$ $a$是任意的名字

全称量词规则原理类似。

3）肯定的全称量化

对于形如$(\forall x)A$的公式和名字$a$，该公式出现的所有开放的枝，用$\sim E!a$和$A(x:=a)$进行分叉。

$$(\forall x)A$$

$\sim E!a$ $\qquad$ $A(x:=a)$ $\quad$ $a$是任意的名字

否定的全称量化规则与肯定的存在量化规则是类似的。

4）否定的全称量化

为了消解形如$\sim(\forall x)A$的公式，在它出现的每个开放的枝上，用$\sim A(x:=a)$和$E!a$进行拓展，其中$a$是一个新的名字。

$$\sim(\forall x)A$$
$$|$$
$$E!a$$

$\sim A(x:=a)$ $\quad$ $a$是一个新名字

因此，$(\exists x)A$意味的是，存在某个对象$a$，$A(x:=a)$。$(\forall x)A$意味的是，对于任意的名字$a$，$A(x:=a)$是真的，或者$a$根本不存在。若我们考虑佩加索斯，这看起来是说得通的。我们依然可以将这样的符号当作真正的名字，承认所有的马都不会飞，而佩加索斯是一匹会飞的马。只不过佩加索斯是一匹不存在的飞马。为了确认这是奏效的，我们来检验论证形式：$(\forall x)(Hx\supset\sim Fx)$，$Ha/\sim Fa$。

$(\forall x)(Hx\supset\sim Fx)$ $\quad \backslash a$

$Ha$

$\sim\sim Fa$ $\quad$ √

|

$Fa$

$\sim E!a$ $\qquad$ $Ha\supset\sim Fa$ $\quad$ √

↑

$\sim Ha$ $\qquad$ $\sim Fa$

× $\qquad$ ×

这棵树是开放的。我们有一个使得前提真而结论假的模型：

| | I(H) | I(F) | I(E!) |
|---|---|---|---|
| **a** | 1 | 1 | 0 |

在这个模型中，H$a$ 是真的，～F$a$ 显然是假的。更加有趣的问题是，(∀x)(Hx⊃～Fx)是否为真。它确实是真的，因为它的所有恰当示例都是真的，或者，更准确地说，它没有一个为假的恰当示例。这里，根本就没有这样的示例。在论域中，唯一的对象就是 **a**，但是，**a** 并不存在。因此，我们并没有示例使得全称量化前提为假，因此，它是真的。

在这部分的最后，我们再来看一个论证形式。这里画出来的是论证形式(∀x)(Fx⊃Gx)，(∀x)(Gx⊃Hx)/(∀x)(Fx⊃Hx)的一棵树。如我们所预期，这棵树是封闭的，该论证形式是有效的。

```
        (∀x)(Fx⊃Gx)   \a
        (∀x)(Gx⊃Hx)   \a
       ～(∀x)(Fx⊃Hx)   √a
               |
              E!a
          ～(Fa⊃Ha)  √
               |
               Fa
              ～Ha
             /    \
        ～E!a      Fa⊃Ga
          ×        /    \
              ～E!a      Ga⊃Ha  √
                ×        /    \
                      ～Ga      Ha
                      /  \      ×
                  ～Fa    Ga
                   ×      ×
```

## 局限性

这里所讨论的自由逻辑系统具有不少理想属性。然而，为了使其成为令人满意的理论结构，仍然有很多工作要做。下面是一些需要回应的议题，这要求对该逻辑做进一步修正。

1）二值原则

根据这里的自由逻辑和非存在对象观点，福尔摩斯具有 AB 型血，或者不具有 AB 型血。据我所知，柯南·道尔在故事里并没有交代福尔摩斯的血型。看起来，我们并没有好的理由认为，福尔摩斯更可能是某个血型而不是另一个血型。然而，自由逻辑语义解释预设了，任意给一个谓词，任意给一个对象，无论该对象存在与否，要么该谓词，要么该谓词的否定作用于该对象。本章习题 13.3 让我们思考对树规则进行修正，使我们能够在 $a$ 指称非存在对象的情况下，否认 $Fa \vee \sim Fa$。

2）确定描述语

确定描述语似乎也可以用在非存在对象上。比如，下面的这个断言似乎是真的：

圣诞老人是经常穿着红白相间的皮衣、住在北极、在圣诞节当天给每个人发礼物的那个胖男人。

如果按照罗素的确定描述语理论进行分析，该断言就应该是假的，因为没有一个胖男人经常穿着红白相间的皮衣……罗素的确定描述语理论与自由逻辑并不是很适配。

3）内部量化与外部量化

对该问题的一种处理方法是扩展语言，使得可以做出两种量化。住在北极、在圣诞节当天给每个人发礼物的那个胖男人不存在，但确实有。这可能听起来奇怪。但只要我们在语言里加入一个新的量词 Sx，(Sx)Fx(读作“有的东西是 F”)为真，仅当 Fx 的一个示例为真(无论是否是恰当示例)。这样的话，在($\exists$x)Fx 为假的情况，(Sx)Fx 仍然可以为真。类似地，我们可以拥有一个全称量词符号 A，(Ax)Fx 被解释为 Fx 的所有示例都是真的。若如此，我们知道(Sx)(Fx&Hx)是真的，因为有的马会飞(比如佩加索斯)，而(Ax)(Hx$\supset$$\sim$Fx)为假，因为并非所有的马都不会飞。这两种不同类型的量化，对应内部量词和外部量词。内部量词就是原来的($\forall$x)和($\exists$x)，它们量化的是存在事物构成的内部论域。新量词(Ax)和(Sx)量化的是存在对象和非存在对象共同构成的外部论域。

4）预期解释

不过，一旦沿以上思路思考，我们便会面临如何理解我们的模型的问题。在该语义学中，出现在外部论域中的事物到底是什么？它们是概念吗？如果是的话，是哪些概念？它们是非存在对象吗？如果是的话，我们能够确定有多少个非存在对象吗？在谈论存在的对象时，有理论的限制约束我们，比如，奥卡姆剃刀原则，以及其他帮助我们判定何时应该承认某物存在的理论限制。但是，看起来我们都很难回答在划定外部论域范围时要受怎样的限制。

## 进阶读物

里德所著《对逻辑的思考》[21]的第 5 章，博斯托克所著《中阶逻辑》[2]的第 8 章，以及格雷林所著《哲学逻辑引论》[8]的第 4 章中，关于自由逻辑的内容都很有用。R. 卢特列(R. Routley)的论文《有的事物不存在》(*Some Things do not Exist*)[23]为外部量

化或者说对非存在对象的量化进行了辩证论述。

## 习题

### 基础习题

**13.1** 用自由逻辑的树方法,检验下面论证形式是否有效:

① (∃x)Fx/(∃x)(E!x&Fx)

② (∀x)Fx/(∃x)Fx

③ (∀x)(Fx⊃E!x),~E!$a$/~F$a$

**13.2** 请证明:如果我们的语言中包含外部量词和E!,内部量词是可以定义的。就是说,证明(Ax)(E!x⊃Fx)等值于(∀x)Fx,(Sx)(E!x&Fx),等值于(∃x)Fx。

### 高阶习题

**13.3** 为了能够处理前面的习题,对自由逻辑树规则进行修改,使得当$a_1$到$a_n$都存在时,$Fa_1 \cdots a_n$和$\sim Fa_1 \cdots a_n$封闭。这样得到的逻辑是怎样的?你认为,这样的逻辑比经典的自由逻辑更好还是更坏?

**13.4** 证明树规则带来的自由逻辑相对于我们介绍的自由逻辑模型而言是可靠的和完全的。

**13.5** 证明如果一个论证形式(不包含E!)在自由逻辑中是有效的,那么,它在传统的谓词逻辑中也是有效的(有两种证明方法:你可以诉诸传统谓词逻辑的模型都是自由逻辑的模型这一事实;你也可以证明,一个论证用自由逻辑树规则得到封闭的树后,该论证用传统谓词逻辑树规则得到的相应的树也会是封闭的)。

**13.6** 证明自由逻辑可以在传统谓词逻辑内以下述方式来进行解释。具体而言,对任意公式A,$A^t$有如下定义。选择一个新的谓词E,然后递归定义:

$(Fa_1 \cdots a_n)^t = Fa_1 \cdots a_n$

$(A \& B)^t = a^t \& B^t$

$(A \vee B)^t = a^t \vee B^t$

$(A \supset B)^t = a^t \supset B^t$

$(A \equiv B)^t = a^t \equiv B^t$

$(\sim A)^t = \sim A^t$

$((\exists x)A)^t = (\exists x)(Ex \& A^t)$

$((\forall x)A)^t = (\forall x)(Ex \supset A^t)$

这个翻译只是修改了存在量词,其他的没做任何改变(这个操作叫作将量词通过E进行限制,我们不再说有的事物是A,而说有的E是A;也不再说所有事物是A,我们说所有的E是A)。请证明在经典逻辑中$X^t \vdash A^t$,当且仅当,在自由逻辑中$X \vdash A$。

**13.7** 为外部量化规定树规则，并证明这样生成的逻辑相对前面介绍的相应语义解释是可靠的和完全的。

了不起的利巴斯(Cerebus)发现了三种不同类型的龙：
神话的(mythical)龙，空想的(chimerical)龙，和纯粹假设的(hypothetical)龙。
人们会说，它们都是不存在的，但是，每一种龙都是在完全不同的意义上不存在。
——斯塔尼斯瓦夫·莱姆(Stanislaw Lem)

# 第 14 章

# 谓词是什么

我们通过考察一个论证开始这一章的内容。

## 一个论证

这个论证要归功于笛卡尔，它被用来说明事物不仅仅是物质的，还存在非物质的事物。

我此刻可以想象我的物质的身体此刻不存在。

我此刻不能想象我此刻不存在。

因此，我此刻不是我的物质的身体。

该论证的结论是二元论。根据二元论，我们的宇宙除了包含物质的事物（比如，我们的身体、桌子、椅子、树），还包括非物质的事物（比如灵魂、心灵、神）。仔细考虑这个论证。你认为它是有效的吗？是可靠的吗？试着写出它的论证形式。该论证形式是一个有效的论证形式吗？

我们该如何评价笛卡尔的论证呢？在考察其论证形式之前，我们先来看其前提。

1）前提一

笛卡尔可能这样辩护其第一个前提。我们通过感觉，获得关于物质事物的知识。而且我能够设想，我被某个拥有超能力的邪恶的魔鬼糊弄了，他让我有了错误的感觉。我所听到、看到、闻到、觉到、尝到、触到的一切，可能都是恶魔对我的戏弄！我所感觉到的表面的样子可能与外部实在完全不符合。因此，我可以设想我的物质的身体现在根本就不存在。

2）前提二

笛卡尔可能这样辩护其第二个前提。为了能够想象“我不存在”，我必须思考我是否存在这一问题。我必须做如此这般的想象。但是，如果我思考这个存在性问题，我的思考要求我必须存在才行。因此，我此刻不能想象我此刻不存在。[①]（这是笛卡尔的著名断言“cogito ergo sum”：“我思故我在”。）

这是笛卡尔为两个前提辩护的思路。这些辩护本身是非常有趣的。不过在这里，我们不去进一步审查这些辩护的合理性。我们回到笛卡尔的论证。为了确定他的论

① 译者注：原文是我此刻不能想象我不在思考，当是笔误。

证是否可靠，我们需要考察其前提，同样需要考察其有效性，这就是我们当下要做的。

为了确定该论证的有效性，我们可以先写出其形式，然后用树方法或者用我们有把握的其他的方法进行检验。它的形式看起来是简单的[①]

$$\mathrm{F}a, \sim \mathrm{F}b / a \neq b$$

其中 $a$ 指称我的身体，$b$ 指称我，"Fx"代表"我此刻可以想象 x 不存在"。该论证形式显然是有效的，其有效性可通过等词对应的树规则确立。如 $a=b$ 且 F$a$，可推出 F$b$。

3）对论证的理解

然而，事情并没那么简单。为了对该论证的有效性进行解释，重要的一点是，考察我们的翻译是否是恰当的。看起来，有好的理由认为，这种翻译并不恰当。对笛卡尔二元论论证的一个常见的反驳来自戈特弗里德·莱布尼茨(Gottfried Leibniz)，他认为该论证确实不应该这样翻译，因为我对一个事物可以进行怎样的想象并不是它的一个属性。那是我的一个属性，是我的认知能力的一部分。如果我们想在这种宽泛的意义上使用"属性"一词，允许我对那些事物的思考成为那些事物的属性，那么，我们的同一法则就会面临难题。比如，考虑下面论证：

我此刻可以想象马克·吐温(Mark Twain)不是萨缪尔·克莱门(Samuel Clemens)。

我此刻不能想象萨缪尔·克莱门不是萨缪尔·克莱门。

所以，马克·吐温不是萨缪尔·克莱门。

这样翻译得到的论证形式，与笛卡尔的论证的形式是一样的。F$a$，$\sim$F$b/a\neq b$[②] 不过，对这个论证而言，其结论显然是错误的——马克·吐温是萨缪尔·克莱门！这里并没有涉及两个人，一个是马克·吐温，一个是萨缪尔·克莱门。（当萨缪尔·克莱门独自在屋子里——那里有多少人呢？两个人？当然不是。）然而，前提看起来都是真的。我可以设想马克·吐温不是萨缪尔·克莱门的情况。我不能设想一个萨缪尔·克莱门不是萨缪尔·克莱门的情况。那么，这个论证的问题出在哪里呢？

## 晦暗语境

如果将形如"我不能想象 x 存在""我不能想象 x 不是萨缪尔·克莱门"以及类似的陈述，看作是对 x 进行的真正的谓述，我们会面临一定的压力。根据在第 8 章给出的谓词定义，这些都是一元谓词，因为用一个名字替换 x，会得到句子。但是，毫无疑问，这与同一的定义并不怎么一致。问题出在同一替换。"我不能想象 x 存在"的真假不但依赖什么对象被替换进去，还依赖于替换对象的呈现方式。为更好说明，再看另外一个例子：

超人叫 x 是因为他的超能力。

虽然，"克拉克·肯特"和"超人"命名的是同一个人，但如果 x 被替换为"超人"，得到一

① 译者注：原著作者笔误，将≠误写为=。

② 译者注：原著作者笔误，将≠误写为=。

个真的陈述,而 x 若被替换为"克拉克·肯特",则得到一个假的陈述。

哪些陈述对克拉克·肯特和超人而言都为真呢?下面这些看起来都是真的:

x 在报社工作。

x 知道露易丝·莱恩(Lois Lane)。

x 飞过天空。

x 拯救了处于困境中的人。

使用一定量的"氪石"可以让 x 能力变弱。

有人看到 x 拯救了我的朋友们。

一旦我们知道克拉克·肯特和超人是同一个人,如果我们代入"超人"或"克拉克·肯特",得到的陈述都会是真的。对于不知道这个事实的人而言,这些陈述可能看起来不是真的,但这不意味着它们不是真的。最后一个句子是一个有趣的例子。假设你看到超人拯救了我的朋友们。那么,可以推出你看到克拉克·肯特拯救了我的朋友们,纵使你并没认出那就是克拉克·肯特。有时候,我们看见事情发生了,但是并不能完全地描述出来。

下面一些陈述情况不同,代入一个名字为真,而代入另一个名字会为假。

x 在报社工作是广为人知的。

露易丝·莱恩认为 x 比克拉克·肯特要更强壮。

我告诉过你 x 拥有超能力。

你看见 x 拯救了我的朋友们。

克拉克·肯特在报社工作是广为人知的。但是,超人在报社工作并不广为人知。露易丝·莱恩(至少在不知道克拉克的身份的时候)认为超人比克拉克·肯特更强壮,但是,他当然并不认为克拉克比他自己更强壮。我可能告诉过你超人具有超能力,但我当然没有告诉过你克拉克·肯特具有超能力。你可能看到了超人拯救了我的朋友们,但你并未看到克拉克·肯特做了这样的事,因为你没能认出他和克拉克·肯特是同一个人。

这些句子属于某种类型。这些看似有问题的句子都以某种方式依赖于某种语言,依赖于超人(克拉克·肯特)被描述的方式,依赖于人们关于他持有的信念。"其为报社工作广为人知"并非真正地是人的属性,给定对一个人的特定描述时它才会成为其属性。这个断言的真假不但依赖于那个人的实际情况,还依赖于人们描述他的方式。这个句子至多是对超人(克拉克·肯特)的"宽"描述,而不是"窄"描述,"窄"描述直接描述他所具有的属性,这不依赖于他是如何被描述的。

这个难题常被称作意向语境下的替换难题(或者意向语境下的量化难题,如果涉及的是被量化的变元的话)。我们在信念语境、知识语境,以及其他用来描述人们"认为""了解""听说""承认"的内容的语境(这些都被称作意向语境,因为"关涉性"的典型特征常被称作心理状态的意向性)。在这些情况下,我们需要的信息不仅仅涉及讨论哪个对象,还有所涉及的对象被呈现或被描述的方式。在这些语境下,用名字进行替换后会形成命题,但是,它们不是"窄"意义上的谓词。

一般而言，用名字进行替换可以得到命题但所得命题不仅仅依赖于被指称对象的语境，被称作晦暗语境。表达信念和知识的陈述以及其他的意向词项会产生晦暗语境，但也有不牵涉意向性的晦暗语境。下面是涉及引号的“平凡的”(trivial)例子①：

“x”包含两个字。

用“超人”替换“x”得到一个真陈述。但用“克拉克·肯特”替换的话，得到一个假陈述。这是一个不牵涉心理状态的晦暗语境。

关于如何区分晦暗语境和非晦暗语境(非晦暗语境有时也被称作透明(transparent)语境)，并没有一个被广泛接受的理论。为了完成区分，用指称相同对象的不同名字进行替换，看看是不是会产生差异。这种区分是非常重要的，因为谓词逻辑的一个预设就是所有谓词都是透明的。为了能够使用谓词逻辑对一个论证进行恰当的形式化，这个假设必须是成立的。否则，形式化翻译就不会是正确的。

这将我们拉回到笛卡尔的二元论论证。我们将其形式化为一个简单的论证形式：$Fa, \sim Fb / a \neq b$，其中“Fx”代表“我此刻能够想象 x 不存在”。看起来，我们有理由相信该语境是晦暗的。我所拥有的想象 x 存在或不存在的能力，依赖于 x 被描述或呈现的方式。若果真如此，那么，我们的形式化翻译并没有恰当地刻画该论证。论证形式 $Fa, \sim Fb / a \neq b$ 的有效性与笛卡尔的论证没有关系。为了说明该论证是有效的，还有很多其他的工作要做。

## 进阶读物

关于晦暗语境下的替换难题，想了解更多，可阅读里德的《对逻辑的思考》[21]第 4 章和格雷林的《哲学逻辑引论》[8]第 3 章。

## 习题

### 基础习题

**14.1** 将下面谓词划分为“窄”意义上的谓词和“宽”意义上的谓词(即划分为透明语境和晦暗语境)，并解释如此划分的根据(针对每个谓词，需要用名字替换其中的 x)。

① x 跑得飞快。

② x 因为跑得飞快而出名。

③ x 是总理。

④ x 导致泰坦尼克号沉没。

⑤ x 很老。

---

① 译者注：原文是“x”包含八个字母，这里为了与中文翻译“超人”匹配，改为了“包含两个字”

⑥ 我烦透了 x
⑦ x 做得很好。
⑧ 我无法区分 x 和 y。
⑨ 我知道 x。

**14.2** 为什么说将“我认为有什么东西咬了我”形式化为“$(\exists x)Tx$”或许是糟糕的，其中“$Tx$”代表的是“我认为 x 咬了我”。

## 高阶习题

**14.3** 有人认为，异常语境中的量化问题不只限于信念或别的涉及主体的态度。比如，考察这个论证：

必然地，9 比 7 大。
9 是行星的数目。
因此，必然地，行星的数目比 7 大。

这个论证是有效的吗？如果是的话，它是否证明了行星数目一定会多于七颗？如果没有证明，请解释为什么没有呢？

季文子三思而后行。
再，斯可矣。
——孔子(Confucius)

# 第 15 章

# 逻辑是什么

有时，通过经典逻辑得到的答案稀奇古怪，但这并不是含混性或相关性的原因，也不是因为非指称词项或晦暗语境。看下面这个例子：

总理收集钟表。[①]

收集钟表的人都有点疯。

因此，有人有点疯。

我们可以用下面的词汇表找到该论证的形式：

Mx：x 是总理。

Cx：x 收集钟表。

Sx：x 有点疯。

Px：x 是一个人。

它的形式是：$(Ix)(Mx, Cx), (\forall x)((Px \& Cx) \supset Sx) / (\exists x)(Px \& Sx)$。不难说明该论证形式是无效的。下面是一个反例：

| | I(M) | I(C) | I(P) | I(S) |
|---|---|---|---|---|
| **a** | 1 | 1 | 0 | 1 |

这个反例的意思是什么？该模型中的一个假设是，总理不是一个人。然而，总理是一个人——实际上，总理必须是一个人。这正是澳大利亚的宪法规定的：总理必须是公民，公民必须是一个人。因此，这里的反例并不是一个可能的事态。这就是为什么我们会认为该论证是有效的。我们无法让前提为真而结论为假。那么，该论证到底是有效的还是无效的呢？

对此，人们并没有达成共识。接下来，我将分别考察两种不同的思路。

## 逻辑乃替换下无反例

根据第一种思路，上述论证的答案是否定的。该论证无效，因为我们能够构造反例。前面已经展示了反例。[②] 逻辑处理的是论证形式的有效性，而我们所找到的恰恰是一个论证形式。根据这种观点，论证的有效性依赖于论证形式的有效性：

---

① 译者注：此处的"总理"是确定描述语，英文是"The Prime Minister"，从下文对其逻辑结构的分析也可看出。

② 译者注：作者原文是"展示了两个不同的反例"，这当是笔误，因为前面只展示了一个反例。

> 一个论证是有效的，当且仅当，对该论证中出现的非逻辑符号进行任意解释，都不会出现反例。

因此，为了检验该论证的有效性，我们需要将所有的非逻辑符号（联结词、量词和等词之外的符号）挑出来，剩下的用标志性符号进行替换。寻找该论证的一个反例，就是尝试对该论证的非逻辑符号进行解释使得前提为真而结论为假。如果我们无法找到这样的解释，论证就是有效的，如果能找到，就是无效的。

下面是另一个例子。命题“天在下雨或者没有在下雨”是一个重言式，因为其形式为 $p \vee \sim p$，而且该形式的任何的例子都是真的。我们无法用一个命题替换 $p \vee \sim p$ 中的 p 而得到一个假命题。因为如果 p 是真的，$p \vee \sim p$ 是真的，而如果 p 是假的，$\sim p$ 是真的，$p \vee \sim p$ 还是真的。

因此，根据这种逻辑有效性观点，每个模型就是对论证中的非逻辑部分进行的一次解释。如果无论如何进行怎样的解释，都无法使得前提真而结论假，论证就是有效的。这个观点可以简单地概括为：

> 逻辑有效性就是依据(in virtue of)逻辑形式而保真。

如果依据其论证形式，前提的真能够保证结论的真，那么，论证就是有效的。

考察本章最初考虑的论证，为了从前提得出结论，必须分析其论证形式之外的其他资源。我们必须考虑“总理”和“人”的意义，具体而言，即任何的总理都是一个人。这带来一种对该论证进行修正的方法。如果我们加入一个新的前提，即$(\forall x)(Mx \supset Px)$，得到的新论证是有效的。

我们补充的这个新命题被称作“隐含前提(enthymeme)”。它是“被隐含的前提”，每个人都会同意的前提，一旦将其加入前提，便会得到一个有效的论证。

这种逻辑有效性观点具有几个显著的优点。

1）与逻辑实践较为吻合

这种观点与我们的形式逻辑实践很吻合。我们先找到论证的形式结构，然后，对论证中的非逻辑部分以合适的方式进行再解释。

2）无须逻辑必然性概念

任何的逻辑理论都会在某种程度上诉诸必然性。一般而言，前提必须保证结论。这得到了解释，并且没有诉诸任何神秘的必然性概念。根据这种观点，无论如何对非逻辑部分进行解释，前提都会保证结论。逻辑的必然性在于其概括性(generality)。

3）主题中立性

逻辑是主题中立的，逻辑应用于我们能谈论的任何主题。明确地通过对词项进行任意替换来定义逻辑有效性这一事实，意味着这种逻辑理论能够很好地解释逻辑有效性的概括性和主题中立性。

## 逻辑乃必然保真

并非所有人都喜欢这种有效性理论。根据另一种思路，本章讨论的原初论证是有效的，前面关于隐含前提的说明，恰恰表明了形式逻辑错在了哪里。根据这种观点，逻辑主要不是关涉形式，他们的口号是：

逻辑有效性就是必然保真。

这个定义根本就没有提到形式。根据这种有效性理论，形式技术至多可以帮我们认识到什么是可能的、什么是不可能的。据此观点，任何形式上有效的论证都是有效的，但并非所有形式上无效的论证都真的是无效的。并非每个模型都表示一种可能性，模型只是帮助我们认识可能性的工具。考虑原初论证，因为总理和人的关系，所谓前提为真而结论为假的模型根本就不是一种可能性。一旦我们排除了这种模型，树方法就可以展示该论证是有效的，不存在前提为真而结论为假的可能性。在其他情况下，构造反例的形式化操作会帮助我们认识到什么是可能的，在那些情况下，所涉论证是无效的。这里的核心要点在于，根据这种观点，逻辑只是我们诉诸的一个工具而已。

这种观点也有其优点。

1）不必区分逻辑符号和非逻辑符号

关于如何区分逻辑联结词和非逻辑联结词，人们并无广泛共识。如果有效性是必然保真，便存在着依靠其他各种类型联结词特性而成立的有效推理，比如必然性、可能性、反事实条件、诸如“昨天”“明天”的时间算子、颜色词项，等等。每个词项对相应论证的有效性都有所贡献。并没有所谓逻辑联结词和非逻辑联结词的区分，常用的所谓逻辑联结词只是用起来更简单罢了。

2）与前理论直觉更加吻合

在对逻辑有效性进行理论刻画之前，我们会认为，在某种意义上有效的论证就是若其前提给定，结论同样会被确定。现在讨论的这种有效性观点，则直接地将这种前理论信念表达了出来。说明一个论证无效，就是论证我们可以让前提为真而结论为假，而不是论证我们能够将一个词项做出非常不同的解释从而得到一个反例。这样的操作看起来与判定该论证有效性的任务无关。

最后我们要意识到，两种观点都面临许多的难题。若将有效性看作必然保真，关于必然性本质以及我们如何能够知道一个命题是必然的或可能的，需要做进一步解释。若坚持第一种观点，则需要对观点进行修正，才能处理好量词。$(\exists x)(\exists y)(x\neq y)$不包含任何非逻辑词汇。它是真的。因为根本就不存在对非逻辑词汇进行重新解释这回事，按照法则的字面意思，它会是一个重言式。然而，它并不是重言式，因为我们可能有一个单元素论域。为了使用重新解释的策略，我们不但需要对非逻辑词汇进行重新解释，还需要对量词量化的范围进行重新解释。

关于逻辑有效性，纵使有如此分歧，关于逻辑技巧的有用性却有广泛共识。最大的分歧莫过于人们对逻辑技巧如何起作用有不同的理解。

## 进阶读物

本章主题是当下逻辑哲学研究领域中的一个议题。里德的《对逻辑的思考》[21]的

第 2 章和格雷林的《哲学逻辑引论》[8] 的第 2 章对所涉争论的介绍是有帮助的。约翰·埃切门迪（John Etchemendy）的《逻辑后承概念》（*The Concept of Logical Consequence*）[5] 对该议题进行了清晰的拓展性处理。

> “反之”，特威迪接着说，“如果曾经如此，那么，可能此刻依然如此；假若此刻果真如此，那便如此；但是，此刻并非如此，那就并非如此。这就是逻辑。”
>
> ——刘易斯·卡罗尔（Lewis Carroll）

# 参考文献


[1] George Boolos , Richard Jeffrey. *Computability and Logic* , 3rd edn. Oxford University Press, Oxford, 1989.

[2] David Bostock. *Intermediate Logic*. Oxford University Press, Oxford, 1997.

[3] Brian F. Chellas. *Modal Logic*: *An Introduction*. Cambridge University Press, Cambridge, 1980.

[4] Michael Dummett. *Elements of Intuitionism*. Oxford University Press, Oxford, 1977.

[5] John Etchemendy. *The Concept of Logical Consequence*. Harvard University Press, Cambridge, MA, 1990.

[6] Graeme Forbes. *Modern Logic*. Oxford University Press, Oxford, 1994.

[7] Bas van Fraassen. Presuppositions, supervaluations and free logic. In: Karel Lambert, (ed.), *The Logical Way of Doing Things*. Yale University Press, New Haven, CT, 1969.

[8] A. C. Grayling. *An Introduction to Philosophical Logic* , 3rd edn. Blackwell, Oxford, 1997.

[9] H. P. Grice. Logic and conversation. In: P. Cole and J. L. Morgan (ed.), *Syntax and Semantics*: *Speech Acts*, Volume 3, pages 41-58. Academic Press, New York, 1975. Reprinted in Jackson [14].

[10] Susan Haack. *Deviant Logic*, *Fuzzy Logic*: *Beyond the Formalism*. Cambridge University Press, Cambridge, 1996.

[11] Arend Heyting. *Intuitionism*: *An Introduction*. North-Holland, Amsterdam, 1956.

[12] Colin Howson. *Logic with Trees*: *An Introduction to Symbolic Logic*. Routledge, London, 1996.

[13] G. Hughes and M. Cresswell. *A New Introduction to Modal Logic*. Routledge, London, 1996.

[14] Frank Jackson. *Conditionals*. Oxford Readings in Philosophy, Oxford University Press, Oxford, 1991.

[15] E. J. Lemmon. *Beginning Logic*. Nelson, London, 1965.

[16] David K. Lewis. *Counterfactuals*. Blackwell, Oxford, 1973.

[17] David K. Lewis. *On the Plurality of Worlds*. Blackwell, Oxford, 1986.

[18] Jan Łukasiewicz. On determinism. In: L. Borkowski, (ed.), *Selected Works*. North-Holland, Amsterdam, 1970.

[19] Alexander Miller. *Philosophy of Language*. Fundamentals of Philosophy, UCL Press, London, 1998.

[20] Dag Prawitz. *Natural Deduction: A Proof Theoretical Study*. Almqvist and Wiksell, Stockholm, 1965.

[21] Stephen Read. *Thinking about Logic*. Oxford University Press, Oxford, 1995.

[22] Greg Restall. *An Introduction to Substructural Logics*. Routledge, London, 2000.

[23] Richard Routley. Some things do not exist. *Notre Dame Journal of Formal Logic*, 7: 251-276, 1966.

[24] Bertrand Russell. On denoting. *Mind*, 14, 1905.

[25] R. M. Sainsbury. *Logical Forms: An Introduction to Philosophical Logic*. Blackwell, Oxford, 1991.

[26] Gila Sher. *The Bounds of Logic*. MIT Press, Cambridge, MA, 1991.

[27] John K. Slaney. Vagueness revisited. Technical Report TR-ARP-15/88, Automated Reasoning Project, Australian National University, Canberra, 1988.

[28] John K. Slaney. A general logic. *Australasian Journal of Philosophy*, 68: 74-88, 1990.

[29] R. M. Smullyan. *First-Order Logic*. Springer-Verlag, Berlin, 1968. Reprinted by Dover Press, New York, 1995.

[30] A. S. Troelstra and H. Schwichtenberg. *Basic Proof Theory*. Cambridge Tracts in Theoretical Computer Science, Volume 43, Cambridge University Press, Cambridge, 1996.

[31] Timothy Williamson. *Vagueness*. Routledge, London, 1994.

# 译后记

这本书是格里格·莱斯托(Greg Restall)所著教材 *Logic: An Introduction* 的中译本。书名没有直译为“逻辑导论”,而是译为“经典逻辑导论”,理由有二。第一,在我看来,“经典逻辑导论”更能准确概括这本教材的内容。经典逻辑一般指命题逻辑与一阶谓词逻辑。该书完整呈现了这两部分内容。相对照,逻辑导论一般会将归纳逻辑、非形式逻辑、批判性思维等通常也被称作逻辑的内容涵盖其中,比如帕特里克·赫尔利的《简明逻辑学导论》[①],但本教材均没有涉及。第二,本教材被权威的非经典逻辑教材界定为经典逻辑导论[②]。

该教材有两个显著特点。

第一,该教材的证明论部分不是诉诸公理化系统,也不是通过自然演绎,而是使用树方法。该教材详细介绍了命题逻辑树方法、真值函数语义、命题逻辑相对树方法的可靠性定理和完全性定理,一阶谓词逻辑树方法、语义模型、一阶谓词逻辑相对树方法的可靠性定理和完全性定理。如作者所言,树方法有其自身特点,最重要的特点之一是其机械性。针对一个论证形式,根据树规则画一棵树即可,开放则无效,封闭则有效。相对照,公理化方法和自然演绎方法都要求证明者常常能“灵机一动”。

第二,作者不但介绍经典逻辑系统,还进行了关于经典逻辑的哲学探讨。涉及的议题包括以下几点。

(1) 二值原则的恰当性问题,即是否一个命题不是真的就是假的?如若不然,会带来怎样不同的逻辑?

(2) 实质蕴含与条件句的匹配问题,也称作“实质蕴含悖论”,即实质蕴含真值表是否成功刻画了条件句的语义?如若不然,会有怎样不同的条件句逻辑?

① 帕特里克·赫尔利著,陈波等译,《简明逻辑学导论》,北京:世界图书出版社,2010。

② Graham Priest, *An Introduction to Nonclassical Logic: From If to Is*, Cambridge University Press, 2008, p. 18.

(3) 确定描述语的逻辑刻画问题，即：一个合格的确定描述语理论如何能够不违反排中律、不面临否定存在难题？由罗素提出的著名的确定描述语理论具有怎样的局限性？

(4) 名字的存在隐含问题，即：名字一定会有所指称，或一定会指称存在对象吗？如若不然，会遭遇怎样的逻辑？

(5) 同一替换原则的有效性是否是普适的？假若不然，该原则有效性要求所涉语境必须是透明语境，那么，透明语境的区别性特征是什么？

(6) 论证有效性的内涵问题，即：论证有效性是在于对非逻辑符号替换不带来反例，还是在于必然保真？两种观点的局限性分别是什么？

简言之，这是一本特色鲜明的经典逻辑导论教材。对国内逻辑教学而言，树方法并不是常用的证明论工具，树方法这一重要的证明论工具未能得到足够的重视。逻辑与哲学相融合的经典逻辑教材则更为少见。希望这本教材的翻译和出版，会对改变这种局面有所帮助。进一步，读者也可以将这本教材与使用树方法的非经典逻辑教材①结合使用，将能从树方法角度全面欣赏到经典逻辑和非经典逻辑全景。

该教材的大多数章都提供了进阶读物、基础习题和高阶习题，供学生参考，这对学生是非常有帮助的。

关于翻译细节，译者作以下几点说明。

(1) 为了与书名翻译一致，导言中部分“逻辑导论”改为了“经典逻辑导论”。

(2) 翻译过程中，译者尽量保持原著原貌。比如，作者用“～”“&”和“⊃”分别表示“非”“且”“如果……那么……”，而不是更为常见的“¬”“∧”和“→”。

(3) 根据作者在互联网上提供的勘误，相应内容的翻译均做了修改。

(4) 原著的索引部分省略未译，不会影响读者对本书的理解和正常使用。

(5) 译者说明以译者注的方式标出。

(6) 无实质作用的图表编号均已删除未译。

自 2010 年开始，我为华中科技大学哲学专业本科生讲授“数理逻辑”课程。考虑到哲学专业人才的特色培养需求，我选择以本书为主要参考教材。学生们能学到有用的经典逻辑知识，同样重要的是，我们能够有机会在课堂一起探讨相关的哲学问题。教学相长，通过讲授教材内容和批改作业，我同样受益很多。比如：

(1) 我充分认识到树方法的特点和优势；

① Graham Priest, *An Introduction to Nonclassical Logic: From If to Is*, Cambridge University Press, 2008.

(2) 对作者提出的与流行规定不同但符合组合原则的量化公式真假条件定义有了更深的理解；

(3) 意识到构建语义模型和证明元定理过程中“将对象理解为符号”“将符号理解为对象”这样的形而上学的操作可能具有深刻的哲学价值。

感谢听过这门课的历届哲学学子。就个别词语翻译，译者曾求教于山东大学哲学与社会发展学院梁飞老师。黄彧、李懿迪、董筱哲、李嘉烨、胡熙东、崔芊宇、汪一凡、张鹤轩等研究生和本科生曾帮忙校对译稿，在此一并致谢。

感谢匿名评审人对书稿提出的评审意见。感谢华中科技大学出版社策划编辑和责任编辑团队，特别是杨玲与董雪老师。本书的翻译和出版是湖北省逻辑学会积极响应湖北省社会科学界联合会号召，积极传播逻辑知识、提高大众逻辑素养、做好逻辑普及工作计划的一部分。感谢华中科技大学前沿团队项目“科学技术前沿的哲学问题和科学哲学新理论”与华中科技大学“双一流”文科创新团队项目“科技伦理与‘哲学+’”对本翻译计划的支持。

最后，如作者所言，该教材内容可应用于哲学、数学、计算机科学、语言学以及其他领域的逻辑相关教学，希望这本译著能对这些领域的师生有所助益。

囿于翻译水平，不足之处在所难免，请读者批评指正。联系邮箱：xuminlogic@hust. edu. cn.

**2023 年 12 月 1 日**

**于华中科技大学教三舍**

# 引用作品的版权声明

为了方便学校教师教授和学生学习优秀案例，促进知识传播，本书选用了一些知名网站、公司企业和个人的原创案例作为配套数字资源。这些选用的作为数字资源的案例部分已经标注出处，部分根据网上或图书资料资源信息重新改写而成。基于对这些内容所有者权利的尊重，特在此声明：本案例资源中涉及的版权、著作权等权益，均属于原作品版权人、著作权人。在此，本书作者衷心感谢所有原始作品的相关版权权益人及所属公司对高等教育事业的大力支持！

# 与本书配套的二维码资源使用说明

本书部分课程及与纸质教材配套数字资源以二维码链接的形式呈现。利用手机微信扫码成功后提示微信登录，授权后进入注册页面，填写注册信息。按照提示输入手机号码，点击获取手机验证码，稍等片刻收到4位数的验证码短信，在提示位置输入验证码成功，再设置密码，选择相应专业，点击“立即注册”，注册成功。（若手机已经注册，则在“注册”页面底部选择“已有账号？立即注册”，进入“账号绑定”页面，直接输入手机号和密码登录。）接着提示输入学习码，需刮开教材封面防伪涂层，输入13位学习码（正版图书拥有的一次性使用学习码），输入正确后提示绑定成功，即可查看二维码数字资源。手机第一次登录查看资源成功以后，再次使用二维码资源时，只需在微信端扫码即可登录进入查看。